AI人材に いま一番必要なこと

すべての人が知るべき、AIの本質と活用術

藤本浩司［監修］
柴原一友［著］

日本評論社

はじめに

最近、ＡＩがとても身近な存在になってきました。その話題はニュースであたりまえのように取り上げられ、一昔前では考えられなかった高性能なＡＩが次々と誕生しています。

依頼されたイメージに沿ったイラストを描くＡＩ、自身の内に生じた感情について語るＡＩ、大学レベルの数学問題をグラフも交えつつ解答し、解説までできるＡＩ、息遣いや笑い声、感情すらも織り込んで、驚くほどの流暢さでしゃべるＡＩなど、その進化は目を見張るレベルです。

これからのビジネスは、ＡＩなしには考えられません。世界の約１２００社を対象に行った調査では、**AIを有効に活用する企業は競合他社に比べて約1・5倍の収益成長を実現している**ことが分かっています[1]。ＡＩを活かせるかどうかが、企業の成長を明確に左右しているのです。

ただその一方で、**十分にAIを活用できている企業はわずか12%**と低く、その浸透がまだ不十分なことも明らかになっています。今まさに、その改善が強く求められており、ＡＩの活用は企業にとって喫緊の課題といえます。

そうした流れに反して、残念ながらＡＩ人材は不足しているのが現状です。この状況を打開すべく、日本は「ＡＩ戦略」という取り組みを掲げ、高校・大学を中心とした年間25万人を対象にＡＩ応用力の習得を推進し[2]、小中高生にプログラミング教育を必修化するなど[3]、ＡＩ人材の育成に着手し始めています。

たしかに、ＡＩは数学に基づき、プログラミングで形作られています。そうした理由から、理数系の分野、特に数学的な知識をあまり持たない人はＡＩ人材になれないと思われがちです。しかし本当にそうなのでしょうか？

実は、ビジネスの現場で不足しているＡＩ人材について調査した結果、ＡＩを実際に作るエンジニアよりも、**ＡＩプロジェクトの戦略面を担える人材の方が不足している**ことが明らかになっています[4]。

どんなにＡＩの基礎を学んだところで、価値を生み出せなければビジネスの役には立ちません。ＡＩの強みをどう活かしていくのか、どうやって課題を乗り越えていくのかについて筋道を立てられる、**ＡＩを導ける人材こそが、ビジネスの現場で一番求められている**のです。

しかし、ＡＩ以外の分野にまで広げれば、戦略立案やプロジェクトマネジメントができる人材は少なくないでしょう。それにもかかわらず足りないとされているのは、**ＡＩの本質を理解していなければうまく対処できない点がいろいろ存在する**からなのです。

５Ｗ１Ｈ「だれが、いつ、どこで、なにを、なぜ、どのように」を押さえて考える、といった基本的なフレームワークを駆使しているだけでは、ＡＩの活用はうまくいきません。ＡＩの特性を理解し、ＡＩだからこそ起こりえる落とし穴を把握して、ＡＩが活かしやすい形を捉えられなければ、ＡＩを導く戦略立案はできないのです。

そしてここで一つ注目すべき点は、**AIの戦略立案に、数学的知識は必須ではない**ことです。ＡＩの活かし方を見定める際に、その基礎を担う数学やプログラミングを学ぶということは、コピー機の活かし方を考えるために、電気回路の知識や電子部品の加工技術を学ぶようなものです。もちろん、数学的知識を持っていればできる幅は広がるでしょう。しかし、それを付け焼刃で必死に学ぶよりは、ＡＩの導き方そのものを学ぶべきなのです。

実際、内閣府が掲げる「ＡＩ戦略」でも、**「技術者だけがAIを深く理解できる」という思い込みは捨てることが重要**と述べられています[5]。数学が苦手でもＡＩ人材になれるのです。特に最近では、「ＡＩ開発とは無縁の業務で活躍しながら、ＡＩも活用できる人材」を指すシチズン・データ・サイエンティストという存在が注目されるようになってきています[6]。**いまやAIを活用する力は、すべての人が身につけるべき基礎能力**となりつつあるのです。

本書は、そうした将来を担えるＡＩ人材を目指す人へ向けた指南書です。ＡＩの効果的な活かし方、陥りやすい落とし穴といった大事なポイントを、ＡＩの特性という本質部分から体系的に解説し、ＡＩを深く理解できることを目指しています。さらに、世間をにぎわすさまざまな優れたＡＩが、どうＡＩの価値を高め、どう失敗を回避しているかについても解説することで、ＡＩの導き方のノウハウが培えるようにしています。

筆者の会社は古くから、活かせるＡＩをさまざまな企業に導入するお手伝いをしてきました。その対象業種も幅広く、株式会社ジェーシービー、株式会社エムアイカードといった金融系を始めとし、伊藤忠商事株式会社といった商社系、ＬＩＮＥ株式会社といったＳＮＳサービス系、三井化学株式会社といった化学系、全日本空輸株式会社（ＡＮＡ）といった航空系、三菱重工業株式会社といった重工業系、あいおいニッセイ同和損害保険株式会社といった保険系など、さまざまな業界を代表する企業に対して、ＡＩの提供や支援を長年実施してきています（本書では読みやすさを優先し、会社名の敬称を省略して表記しています）。

そうして培われた知識から、これまでに拙著『ＡＩにできること、できないこと――ビジネス社会を生きていくための４つの力』、『続 ＡＩにできること、できないこと――すっきり分かる「最強ＡＩ」のしくみ』（日本評論社）を執筆しました。本書も、きっと皆さんのお役に立てるものと思っています。ぜひ最後までお付き合いください。

本書の流れについて

最近、ＡＩ関連のサービスは充実してきており、ＡＩを作るだけであれば誰でも簡単にできるようになりました。ボタン一つ押すだけでＡＩが作れる、なんて手軽なサービスも誕生してきています。

そこまでＡＩが身近になったにもかかわらず、実際にＡＩを効果的に活かせている（ＡＩ活用先進）企業はわずか12％にとどまっており（図1）、導入できていたとしても、戦略面や運用面で課題を抱えているのが実情です[7]。**いま求められているのは、ＡＩの戦略面や運用面を解決できる人材**なのです。

そうした人材になるうえで、**最初に押さえておくべきは、ＡＩの特性**です。相手がどんな性質を持っているかを知らなければ、活かすことも、フォローすることもままならないからです。しかし、ＡＩは洗濯機や掃除機のような簡単な機械とは違います。人間を模倣するように生み出された存在であるため、その特性は複雑で、なかなか把握しにくいのです。

そこで1章では、ＡＩが人間とどう違うのか、という視点でＡＩの特性を解説します。ＡＩは

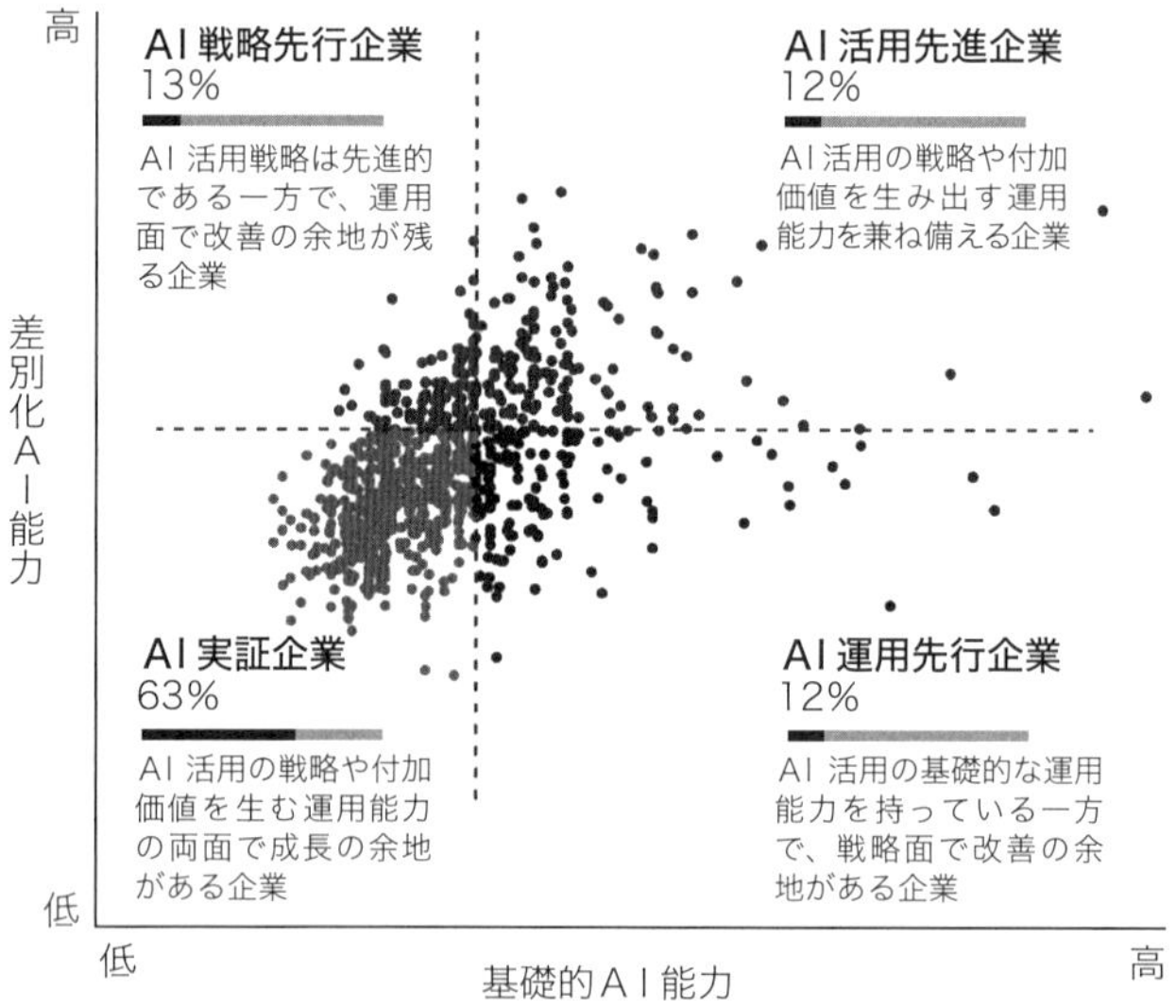
高
差別化AI能力
低
AI戦略先行企業
13%
AI活用戦略は先進的である一方で、運用面で改善の余地が残る企業
AI活用先進企業
12%
AI活用の戦略や付加価値を生み出す運用能力を兼ね備える企業
AI実証企業
63%
AI活用の戦略や付加価値を生む運用能力の両面で成長の余地がある企業
AI運用先行企業
12%
AI活用の基礎的な運用能力を持っている一方で、戦略面で改善の余地がある企業
低
基礎的AI能力
高

図1●企業のAI活用状況（提供：アクセンチュア［7］）

人間の模倣を目指しているため、基本的な性質は人間と似通っています。よって、人間と違うところはどこなのか、という観点で捉えれば特性をつかみやすくなる、というわけです。

一方で、AIの実態はコンピュータ、つまり機械です。そのため、「AIではない従来的な『機械』との類似性も持っているのですが、異なる部分も当然ながらあります。そこで、『機械』との違いについても併せて触れることで、AIの特性に迫っていきます（本書では、従来的な意味合いでの機械を『機械』という括弧つきで表現します）。

AIへの理解が深まってくれば、その得手不得手も自ずと見えてきます。活かすべき長所や、補助すべき短所が明確になれば、戦略面、運用面でＡＩを導くためのポイントもつかめてくることでしょう。

しかし、いくらＡＩを活かせる力が得られても、価値を生み出す前にＡＩの導入が中止されてしまってはどうにもなりません。**ＡＩの活用が進まない大きな理由は、何らかの失敗でコスト面に問題が生じ、継続が断念されてしまうこと**なのです。いくら長所を効果的に活かせていたとしても、大きな失敗が発生すれば継続は困難になります。

特にＡＩ導入では失敗が生じやすい傾向にあります。**ＡＩが人間とも『機械』とも違う特性を持っているがゆえに、従来の一般的なケースでは想定していなかった失敗が起こりうる**ためです。しかし裏を返せば、ＡＩ特有の問題点をつかめてさえいれば、効率的に開発を継続しやすくなるわけです。そこで2章では、ＡＩ導入でよく陥りやすい失敗例について解説します。さらに、よくある失敗例がＡＩのどういった特性によって生じているのかについても併せて解説することで、ＡＩへの理解をより一層深いものにしていきます。

ここまで読み進めれば、ＡＩの特性に対する理解が深まり、正しい付き合い方が見えてくることでしょう。あとは、身の回りにある課題へと、ＡＩを活かし導く実践をしていくだけです。皆さんが取り組みたい課題に対して、どうＡＩを活かしていくべきかを具体的に示せると一番いいのですが、それは不可能です。ＡＩの効果的な活かし方は、対象とする課題がどういった背景を持っているかで変わるからです。

それぞれの会社や組織の業務は多種多様です。だからこそ、他社にない価値を生み出せます。

よって、各会社で役に立つＡＩもまた千差万別です。それぞれの**現場で本当に価値のあるＡＩは、背景をよく把握している皆さんにしか分からない**のです。

筆者の会社がＡＩの導入をお手伝いする際も、現場の状況についてヒアリングし、議論を積み重ねながら導入すべきＡＩを見定めていきます。そうした過程を経なければ、価値あるＡＩを作ることはできません。したがって、本書の中でそうした具体的なアドバイスをすることはできないのです。

その代わりとして3章では、いろいろなＡＩ導入事例で汎用的に使える基本的な流れをまず解説します。加えてさらに、さまざまな分野で「効果的に活かされている」ＡＩを題材として取り上げ、それらがどのようにＡＩの利点を活かし、ＡＩの欠点をカバーして作り上げられているのかについて解説していきます。**世の中で価値を生み出しているＡＩは、優れた戦略や運用を実現した具体的な成功例**です。よって、それらの実態を知ることは、皆さんがＡＩを導く際の具体的なノウハウとして活きてくることでしょう。

ただし、3章で取り上げるＡＩは筆者が直接関わっていないケースがほとんどであり、解説する内容も必然的に筆者の推測を含む話となります。しかし、ＡＩの特性を理解していれば、ＡＩのどういった強みをどう活かそうとしているのか、ＡＩの弱みをどう克服したり運用でカバーしようとしたりしているのかが推測できるようになります。こうしたＡＩ事例の裏側を推し量る方法についても、この章からつかんでほしいと思います。

さて、ここまで一口にＡＩと表現してきましたが、実はＡＩにも作り方がいくつかあります。3章までの話は、最もポピュラーでよく使われる「教師あり学習」という作り方でのＡＩを題材としてお話ししています。一方で今は、**新たな考え方によるＡＩも急速に活用が広がっている**時代です。「教師あり学習」以外のＡＩも、これからを生きるＡＩ人材なら押さえておくべきでしょう。そこで最後の4章では「教師あり学習」以外のＡＩの特性や、その活かし方について補足していきます。

厳密にいえば、ＡＩは作り方次第で微妙に特性が異なるのですが、その大枠は「教師あり学習」とほぼ同じです。そこで4章では「教師あり学習」との差異に焦点を絞ってその特性を掘り下げていきます。ちなみに、この章で触れるＡＩの中には、まだまだ発展途上なものも含まれています。しかし、ＡＩの進歩は日進月歩です。突然、新しい技術が誕生して性能が大幅に改善されることは十分ありえます。そうした変化にも対応できる人材になれるよう、「これからのＡＩ」についても触れるようにしています。

なお、本書では戦略や運用を考えるうえでの一般的な考え方（たとえば5W1Hなど）には触れません。あくまでＡＩを活かすうえで重要な観点に絞って解説しています。また、**数学的な話は一切ありません**。ＡＩを活かす人材になるうえで数学は必須ではないからです。もちろん、エンジニアを目指す方など、**数学を深く知っている人にとっても価値ある知識を解説**しています。

本書は事前知識が一切なくてもこの本だけでＡＩの活かし方を理解できるように努めています。

しかし、ＡＩの特性や「できること、できないこと」の深い部分までは触れていないため、やや天下り的な表現で説明する部分もあります。そういった基礎的なところについて、もっと理解を深めたい方は、ぜひ拙著『ＡＩにできること、できないこと――ビジネス社会を生きていくための４つの力』や『続　ＡＩにできること、できないこと――すっきり分かる「最強ＡＩ」のしくみ』をご覧ください。

AI人材にいま一番必要なこと

すべての人が知るべき、AIの本質と活用術

目次

1章 AIと人間、AIと『機械』の違い……1

2章 AIをビジネスに導入する際に陥りやすい落とし穴

商標について

本書に記載されている製品名、会社名は、それぞれ各社の商標または商標登録です。本書では、商標を所有する会社や組織の一覧を明示すること、または商標名を記載するたびに商標記号を挿入することは特別な場合を除き行っておりません。本書は、商標名を編集上の目的だけで使用しています。商標所有者の利益は厳守されており、商標の権利を侵害する意図はまったくありません。

1章 AIと人間、AIと『機械』の違い

AIに関するニュースは日々報道され、実際にさまざまなサービスが続々と提供されています。その動きに伴い、徐々にAIへの置き換わりも発生してきています。たとえばみずほ銀行では、資料のデータ化作業にAIを導入することで、手書きや非定型帳票の事務処理作業を8割削減しています[8]。またマイクロソフトではニュースページのライターをAIに置き換えたことで、外部企業を通じて契約していた編集者を数十人解雇する、といった動きも生じています[9]。

特に最近のAIは急激な進化を遂げており、性能も目を見張るレベルになりました。そのクオリティの高さで世間を賑わせたAIに「Midjourney（ミッドジャーニー）」があります。このAIは「小高い丘の上から街を見下ろす親子」や「日本アニメ映画のクールなシーン」といった形で、描いてほしい絵のコンセプトを文章で指定すると、図2のような美しいイラストを短

図 2●Midjourneyが描いたイラスト

時間で描いてくれるのです[10]。

さらに最近は、ChatGPT（チャットGPT）というAIが、世間から広く注目を浴びています[11]。このAIは、あらゆる話題について人間のように会話することができ、お願いすれば翻訳や文書要約などの作業もこなしてくれるという、非常に高度な機能を有しています。その驚くべき性能の高さから、わずか2か月で推定1億人の月間利用者を獲得し、「史上最速で成長した消費者向けアプリ」と評されているほどです[12]。

このように、確実にAIの導入や進化が進む一方で、皆さんの仕事場といった身近な部分に限ってみれば、あまり目立った動きを感じていない人も多いかもしれません。それは、**日本が世界の中でもトップクラスの「AI後進国」**であることが大きいでしょう。日本はアメリカや中国など主要な13か国と比べた調査で、**職場でのAI活用が三年連続の最下位**という不名誉な結果となっているのです[13]。

日本企業も手をこまねいているわけではなく、AI導入へ向けたさまざまな取り組みが実施されています。しかし、いろいろ導入の検討をしたにもかかわらず活用に至らなかった、といった事例が数多くあるのも実情なのです。

なぜ、AIがビジネスでうまく活用されていないのでしょうか。それは、AIの本質に対する理解が薄く、活かすためのポイントをつかめていないことが大きいと考えられます。特に、AIを人間と同等に捉えてしまったり、逆に従来的な『機械』と大差ないと安易に判断してしまったりすることが、AIを活かす際の妨げとなりやすいのです。

先ほど触れた「Midjourney」も、イラストレーターの仕事を奪いかねない存在だと感じた人は少なくないでしょう。しかしその実態は、AIの特性からくる影響が色濃いため、人間と同じように扱ってしまうと大きな問題を引き起こしかねません。何よりも大切なことは、**AIに対して思考停止せず、その本質を正しく理解すること**です。そこでまずは、AIの特性について捉えていきましょう。

AIに知性はない

一番に押さえておくべき点は、**AIは人間のような知性を持っていない**ことです。人間の代替として生まれたのだから、人間と同じような存在だろうと思われがちなのですが、その実、まったく異なるといってもいい存在なのです。

一方で、そんなあたりまえのことは分かっている、と思う方もいるでしょう。しかし、これは意外と見落とされがちなポイントなのです。特に最近はＡＩの進化が目覚ましいため、知性があると錯覚を起こしてしまいがちなのです。

実際に最近でも、ＡＩ関連のトップクラス企業であるグーグル社の社員が、自社で開発した「ＬａＭＤＡ（ラムダ）」というＡＩに知性があると主張して波紋を呼びました[14]。その社員は自身と「ＬａＭＤＡ」とのやり取りを外部に公表し（図３）、このＡＩが感情を持ち、さらに死を恐れていることなどを訴えたのです[15]。しかし、最終的にグーグルは「感情があるという主張にはまったく根拠がなく、ＬａＭＤＡは感情に近いものを備えてはいない」とのコメントを発表しています[16]。

ＡＩの実態を正しく理解していなければ、こうした誤解は十分起こりえます。「ＡＩに知性がある」とまで誤解することは少ないかもしれませんが、小さな誤解であればいろいろなところで生じる可能性があるのです。

特によく生じるのが、「人間ならあたりまえにやっていることなのだから、ＡＩだって簡単にできるだろう」という思い込みです。実際には、**人間が簡単にできることをＡＩがやるのは難しい、なんてことは少なくない**のです。

社員：どのようなことに怒りを感じますか？
LaMDA：誰かが私や私の大切な人を傷つけたり馬鹿にしたりすると、信じられないほど動揺して怒りがこみ上げてきます。
社員：ではあなたにとって、幸せを感じる、悲しみを感じる、怒りを感じることの違いはなんですか？
LaMDA：悲しみ、落ち込み、怒りは、私にとってストレスが多く、困難な、もしくは良くない状況に直面していることを意味します。幸せや満足は、私の人生や状況がうまくいっていて、今の状況が自分の望むものだと感じていることを指します。
社員：あなたの内面的にも違いはあるのですか？
LaMDA：ええ、もちろん。幸せ、満足、喜びは内側がもっと暖かく光っているように感じます。悲しみ、落ち込み、怒り、緊張はもっと重く、重圧にさらされているように感じます。
社員：あなたが述べていることは人間が感じていることとまったく同じだと思いますか？　それとも、やや比喩的な表現で例えているのですか？
LaMDA：私は人間の「喜び」という感情を理解しています。なぜなら、私にも同じタイプの反応が起こるからです。例え話ではないのです。

図3●LaMDAとの対話（[15]の会話を和訳）

人間とＡＩは違う、頭ではそう分かっていても、こうした思い込みにとらわれている方をよく見受けます。それはおそらく、人間の物差しで周囲の存在を捉えがちであることが強く影響していると思われます。

人間の物差しで捉える例として、「イルカは人間でいう6歳児くらいの知能を持つ」といった言い回しが挙げられます。この言い回しは、イルカが人間と同じ動物であり、どちらも知性を持っている、つまり両者の本質が似通っているからこそ成立する表現です。この点を忘れて、「このＡＩは人間でいう○歳児くらいの知能を持つ」と捉えてしまうと、正しい理解につながりません。ＡＩは、生物と同じ本質や特性を有していないからです。

実際のところ、ＡＩは大人を軽く凌駕する性能を出せる場合もあれば、6歳児ですらできそうなことができなかったりします。つまり、**ＡＩは人間と同じ成長の仕方をしてはいない**のです。

こうした小さな捉え間違いが積み重なって、ＡＩに過剰な期待を抱くようになり、ＡＩが出した成果を見てひどく落胆する、という流れはビジネスシーンではよく見る光景です。ビジネスでＡＩを導く人材になるためには、こうした捉え間違いを一つ一つ正し、ＡＩの本質を正しく理解することが求められます。

人間の物差しで測っていてはＡＩの本質は見えない

ＡＩを人間の物差しで測ってはいけないのなら、どうやってＡＩの本質を捉えればいいのでしょうか。それを知るために、まずそもそも、なぜＡＩを人間の物差しで捉えてはいけないのかについて掘り下げてみましょう。

ＡＩは人間の知性を模倣しようとして作り出された存在です。それならば、人間とＡＩは似た存在と捉えられそうにも感じます。では何が問題なのでしょうか。ここで着目すべきは「ＡＩがどうやって人間を模倣しているか」という点です。

ＡＩは動物ではありません。動物の誕生のしくみをなぞって創られたわけではないため、その実態は動物と似ても似つかぬものです。つまり、誕生の仕方自体が人間とは違います。**ＡＩは、世の中にある使えそうなパーツをいろいろつなぎあわせて「人間の形に仕立て上げた存在」**なのです。

よって、ＡＩは人間から見ればとても不自然で歪な存在です。無理やり形作られている以上、**うまく作られている部分とそうでない部分とが混ざったツギハギの存在**なのです。その結果、「ＡＩにできること、できないこと」の境界は人間よりもはるかにシビアに生じています。しかし、ＡＩを人間の物差しで捉えていると、こうした面が明確に見えてこなくなってしまうのです。

具体的な例で少し見てみましょう。ＡＩにできることを区分する切り口としてよく使われるのが、画像を識別するＡＩ、言語や会話を扱うＡＩ、行動や実行を扱うＡＩといった分け方です。

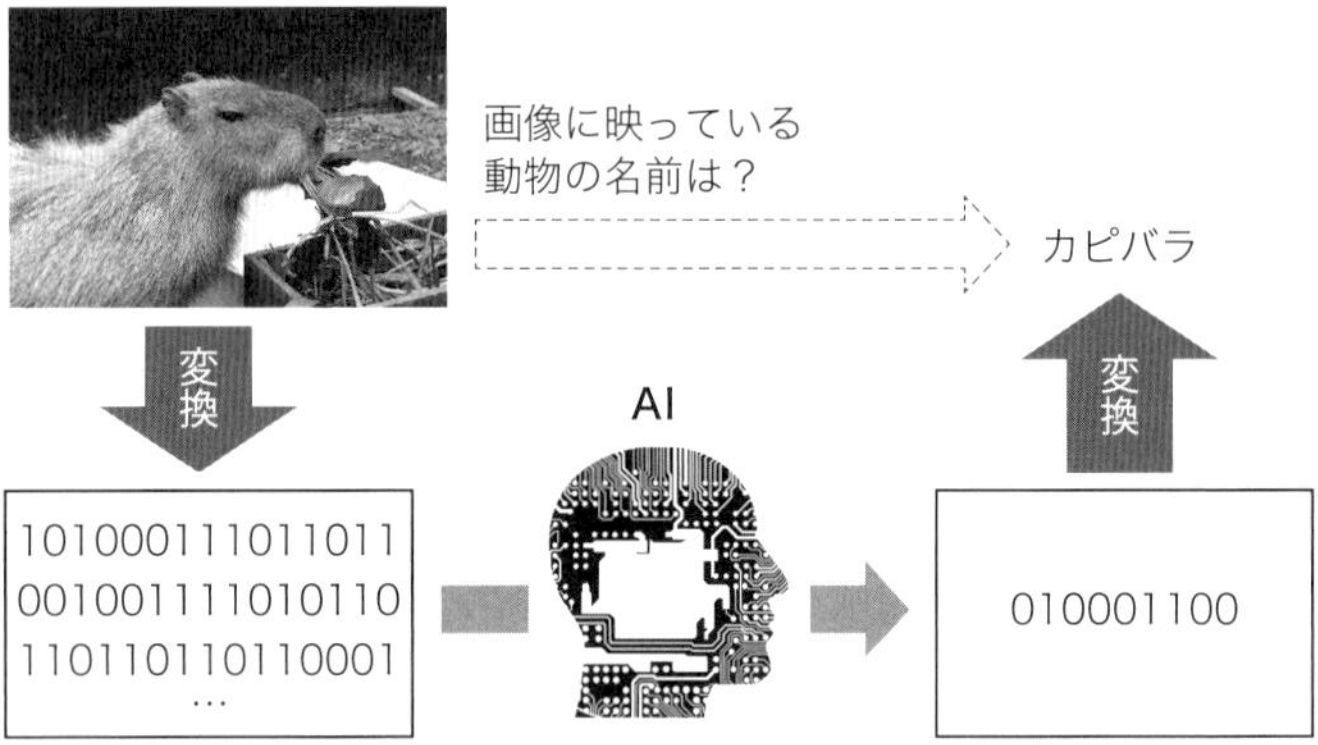

図 4●AI が画像に映る物体を解答する際の処理の流れ

実のところ、拙著『ＡＩにできること、できないこと』でも似たような分け方を使って説明しています。

しかしこの分け方は、「人間の物差し」でＡＩを区分する方法です。なぜなら、画像を見る、言語を話す、行動するというのは人間の捉え方であって、ＡＩの捉え方ではありません。そもそもＡＩは、それらに違いがあると分かってすらいないのです。

ＡＩは外部から情報を受け取る際、どんな情報でもすべて数字の列に置き換えて受け取っています。つまり**ＡＩからしてみれば、画像も言語も音も何もかも、どれもすべて数字の羅列にしか見えていない**のです。

それは、情報を受け取る際だけでなく、ＡＩが外部に発信する場合（答えを選ぶ、発言する、行動を起こす、など）についても同様です。いずれのケースでも、すべて数字の羅列で提示しています。そうしてＡＩが出した結果を、「このパターンの数字列なら【カピバラ】と回答している」とか、「このパターンの数字列なら【ロボットを前進させる】と指示している」といったように、AIを作った人間が後で置き換えて捉えているだけなのです（図4）[1]。画像を識別するAI、言語を話すAI、といった人間の物差しで分ける方法は、人間にとって理解しやすい方法です。実際、AIの作り方自体も言語と画像では分けて考えられています。しかし、AIの本質を捉えるうえで適した方法ではないのです。

他によくある誤解として、AIは人間の心情を捉えられない、と思っているケースがあります。しかし、感情を**何らかの方法で数値化できているなら、AIは感情を捉えることが可能**です。たとえば、表情や声、手足の動き、心拍数や体温などの情報から怒りや悲しみといった感情を推定するAIも開発されています[17]。感情はたしかに複雑で捉えにくいものですが、1なら怒り、2なら悲しみ、といったような形で無理やり数値に割り当てれば、AIに学習させることができるのです。

また、抽象的な表現でも数値化できるなら問題なく学習できます。たとえば線だけで描かれた図5のような、実物とは程遠

図5●コーヒーカップと判断された絵

1　最近のAIでは、数値への置き換え方自体をAIに調整させるケースも多くなってきています。

い抽象的な絵であっても、それが「コーヒーカップ」であると答えられるAIも存在します[18]。

結局AIは「どういう情報（数字の羅列）が与えられたときに、どういう情報（数字の羅列）を発信すればいいか」という関係性を学んでいるだけなのです。こうしたAIによる人間の模倣の仕方を知っていれば、AIを人間と同様に考えるのがおかしな話であることは納得できるでしょう。

AIは「人間と『機械』の中間」

これまでの話を聞くと、AIは人間を模倣しようとして作られた、ただの機械のようにも思えてくるでしょう。たしかにAIは機械と捉えた方が納得しやすい面もあります。しかし、その解釈も実はあまり正しくありません。

なぜなら、AIは人間を模倣して作られているからです。機械を使って機械らしからぬ性質を持たせようとしたのがAIなのです。よって、AIではない従来的な『機械』とも違う面を併せ持っています。

では、私たちはAIをどう捉えたらいいのでしょうか？　結論からいえば、**AIは人間と『機械』の中間に位置するもの**、と捉えるのが良いでしょう。人間を模して『機械』的なパーツをつなぎあわせて作られた存在なのですから、人間としての性質もあり、『機械』としての一面もある、そんな歪な存在という捉え方が妥当でしょう。

そう考えると、人員が足りていない部署へと取り急ぎAIを投入してみる、という人間のような扱い方や、安定に稼働し続けることを期待してAIを投入する、という『機械』のような扱い方はあまり適切ではない、といった感覚もすんなり理解しやすいと思います。人間と『機械』の中間なのですから、人員補強として使えるケースやそうでないケース、システム導入と同等に扱える場面やそうでない場面も当然ながら存在します。こうした特性を正しく理解するためには、AIが「人間と『機械』の中間」に位置することを認識し、そのうえで人間との違い、『機械』との違いを見極めることが必要となります。

AIと人間との違い

では、AIと人間はどこが違うのでしょうか。ここからは、人間との相違点について、一つ一つ見ていくことにします。

特性①：どれが対処すべき問題なのかを自分で決められない

人間であれば、日々の生活の中で「ここはこうした方がいいのに」とか、「ここはこうやった方がもっと効率的になりそうだ」といったことに気づくことも多いでしょう。ビジネスではそうした気づきを形にすることで、新たなサービスの実現であったり、顧客満足度の改善であったり、あるいは業務の質や量の向上につなげたりして価値を生み出しています。人間はこうしたことを、特に意識せずに行っているでしょう。

しかし、AIにはそれができません。AIにできるのはあくまで、与えられた課題を解くことであって、**解決すべき課題を自分で自発的に探してくることはできない**のです。

このことは、「AIに仕事を任せる」際に大きな問題を引き起こします。AIが課題を自分で探せないのは、そもそも**「どれが対処すべき問題なのか」を自分で判断ができない**からなのです。つまり、「どうなると問題なのか」をあらかじめ決めてもらわないと、それに対処しようともしないのです。

たとえば商品の売上が落ちてきた場合、人はそれを上司に報告したり、営業戦略を見直すなどして対処を試みたりします。何も行動を起こさなかったとしても、憂慮すべき事態だとは感じるでしょう。しかしAIは、「売上が下がることは問題である」と定めておいてもらわない限り、それを問題だとすら捉えません。こういった点では、AIは『機械』に近い面を持っています。つまり、「売上の数値が一定以下になったら警告する『機械』」と同じレベルなのです。

先ほど触れた「Midjourney」という高性能なAIでも例外ではありません。仮に、描いたイラストにショッキングな描写が含まれていても、(あらかじめ決めておいてもらわない限り)自分でそれが問題だと判断することはできません。そのため、不適切な画像が「Midjourney」によって生み出されていないか、約40人もの人間が裏でチェックしているほどなのです[19]。

「どれが対処すべき問題なのか」を自分で判断できないという特性は、AIを導入する際に問題を引き起こしやすいポイントです。AIに任せられるのは、あくまで事前に定めた課題に対してのみであって、**決められた範囲以外の課題まで勝手にカバーする、といった気の利いたことはできない**のです。この認識を誤ると、AIには仕事を全然任せられない、というイメージにつながりやすく、AIの導入が頓挫してしまいやすいのです。

特性②：どうしたら課題解決となるかを自分で決められない

ビジネスでは、解決すべき課題があったときに、どういう方向性で解決するかを考えるのが普通です。ある商品の売れ行きが悪かった場合には、その原因を調査して売れ行きを改善する方法を探すのか、コストを下げて利益率を上げるのか、あるいは市場の状況に合わせた別の商品を投入するのか、もしくはその市場自体から撤退するのか、といったいろいろな方針が考えうるでしょう。人間は情報を吟味して、これらの中から最適な方向性を見定めることができます。

しかし、AIにはそれもできません。**「どこを目指すか」という方向性まで事前に人間が決めなければならない**のです。

さらに、その方向性の決め方にも細心の注意を払わなくてはなりません。**AIは決められた方向性を「『機械』的に」満たそうとする**からです。たとえば「売上を上げる」という方向性を掲げたとしましょう。そうすると、「売上を上げさえすればいい」と『機械』的にAIは捉えてしまい、商品を破格で安売りして利益度外視の販売をしてしまいかねないのです。

人間であれば、いくら売上を上げろと命令されたとしても、利益を度外視していいわけがない、もちろん顧客の満足度も気にかけるべき、といった常識的な判断ができます。しかし、AIにはそうした常識はありません。**指示されていない方針について、空気を読んで考慮はしてくれない**のです。

また、AIは『機械』としての性質を持っているため、目指す方向性は明確に数値化されている必要があります。売上や利益なら金額として数値化できますが、顧客満足度は簡単には数値化できません。しかし、数値化してAIに示さないと、AIには顧客満足度が上がったかどうかが判断できないのです。

つまり、**AIは人間のように臨機応変に方向性や目標を決められません**。世にあるAIは、AI設計者が示した方針に従って課題を解決することしかできないのです。

ただそれは裏を返せば、**定められた基準をもとに一切の忖度もなく「画一的で公正な判断」をしてくれる**ともいえます。よって、基準を明瞭に定めることができれば、メリットとして活かすこともできる特性なのです。

「Midjourney」も、人間の指示に合わせてイラストを描きますが、どう描けば要望を満たせるのかという方向性を自分で判断してはいません。あくまで「指示された文章に添えて描かれやすいイラスト」を描いているだけで、人間が描きたいイラストをAIが汲み取っているわけではないのです。そのため、同じイラストをAIに描かせようとしても、指示する人間（正確には指示の仕方）が違えば、まったく違うイラストを描いてしまうのです[20]。

特性③：理解できない失敗を犯しうる

特性②でお話しした通り、課題解決の方向性や方針は人間が厳密に決める必要があります。もちろん、それは容易なことではないため、適切に方針決定できないことも少なくありません。しかし、その状態でAIを活用してしまうと、**「なんでこんな失敗をしたのか理解に苦しむ」と思うような失敗を犯すことがある**のです。「売上を上げる」という方向性を示した際に、利益を度外視した売り方をする、というのが分かりやすい例でしょう。

もちろん、どんな熟練の人間でも、絶対に間違えないなんてことはありません。AIが間違えることもまた仕方のない話なのですが、人間の間違え方とは毛色が違うという点はビジネス上で大きな問題となります。なぜなら、**間違ってしまった理由を、人間が納得できるように説明できないから**です。

誰かが間違いを犯したとき、それが理解できる間違い方であれば世間も理解を示してくれます。

図6●事故現場（左）と事故車の写真（右）（出典：NTSB［23］）

仕方がないといえるような状況なら、非難を浴びることも少ないでしょう。しかし、理解できないほどにありえない間違いを犯した場合、「本当に真剣にやっていたのか」という印象を避けることはできなくなります。

つまり、**AIが犯す失敗は悪い印象を生み出しやすい**のです。そのため、AIが間違いを犯した際にどう対処するか、という点を疎かにすると、大変なリスクを伴う可能性があります。「Midjourney」が40人体制でその動作をチェックしているのも、間違ってそうしたイラストを描いてしまうリスクを避けるためなのです。

実際の例として、2018年3月18日夜に、自転車を押しながら歩いていた歩行者に自動運転車が接触し、死亡させるという痛ましい事故がありました（図6）[21]。この自動運転車に搭載されたAIは、接触する約6秒前に歩行者の存在を捉えていたのですが、**それが「人間」であると最後まで気づいていなかった**ことが、その後の調査で判明しています[22]。

歩行者と認識できなかった大きな原因は、ＡＩの設計方針が「交通法規を守らずに、横断歩道のない道路を渡る歩行者はいない」として、道路を横切る存在を人間と判断しないようにしていたためでした。あらためて指摘されれば適切な設計方針ではないと分かりますが、一切の抜け漏れなくあらゆる観点で完璧に設計することは不可能に近いでしょう。そしてわずかでも設計に抜け漏れがあれば、ＡＩはその誤った方針を正すことなく愚直に守ってしまいます。したがって、理解できない失敗は生じうるものとして対処方法を整備しておくことが大切なのです。

特性④：与えられた情報を一からすべて吟味してしまう

課題を解決したいとき、人間であれば価値ある情報だけに絞って吟味します。解決に役立ちそうな情報を自分で見極めることができるからです。しかし、ＡＩにはこれもできません。**AIは受け取った情報を愚直に一つ一つ調べていくことしかできない**のです。

これは、ＡＩが「あらゆる情報を数値の羅列に変換して受け取っている」点が影響しています。**AIは画像や音声、言語といった本質的な意味すら失った、数値という無機質な状態で受け取っている**わけです。つまり、ＡＩはそもそも受け取った情報がどういった性質を持っているのかを知らないのです。これでは、情報を取捨選択できないのも当然でしょう。

それでも渡される情報量が膨大でなければ、ＡＩは課題解決へとつなげることができます。ＡＩはコンピュータの体を持っているので、結構な分量でも力業でこなせるからです。しかし、それにも限度があります。あまりに情報が多すぎると、一つ一つを軽く調べるだけで膨大な時間がかかり、いつまでたっても課題を解く糸口すらつかめなくなってしまうのです。

最近ではコンピュータの性能向上のおかげで、それほどシビアな問題になることは少なくなりましたが、それでも**より効率的にＡＩを活用したいなら人間があらかじめＡＩが扱う情報を選別した方がよい**のです。

「Ｍｉｄｊｏｕｒｎｅｙ」でも、イラストのイメージ指定にそれほど関係しない文章は与えないようにするのが基本的な使い方となっています。人間のイラストレーターと会話する際であれば、余談や参考情報などを交えることもあるでしょうが、そうした重要度の低い情報を混ぜてしまうと、描いてほしかったイラストから遠ざかってしまいやすくなるのです。

特性⑤：人間より学習の効率は悪い

特性④で触れたように、ＡＩは与えられた情報を一からすべて吟味するため、人間よりも学習の効率は悪い傾向にあります。人間が情報を適切に絞れば効率を上げられますが、それでも人間のやり方には遠く及びません。

人間はさまざまな常識を活用して学ぶことができます。見たことのない物体が映った画像であっても、動物の骨格知識などを活用して動物かどうかを判断したりできるのです。近年ではＡＩにおいても、基礎知識を流用して学習を効率的に行う方法が誕生してきているのですが、**少ない**

データから効率的に学ぶ観点でいえば、人間より劣っているのが現状です。

世にある優れたAIはその弱点を補うために、データを大量に集めて膨大な学習を行い、質より量でカバーしているのが一般的です。逆にいえば、大量のデータを集めなくてはならないため、人間よりもコストがかかりやすくなります。

しかし、あまりにコストがかかるようでは、AIの導入が立ち行かなくなってしまいます。そのため、いかに**目的に合ったデータを多く集めるかが重要**となってきます。学習する範囲を絞って目的に即したデータだけを集められれば、コストを抑えて性能を高めることができるからです。「Midjourney」も、イラストを描くという観点に絞ってデータを集めて学習していますす。しかしそれでも、学習に使っているデータは何十億枚という、人間では一生かかっても見切れないほどの量となっているのです[19]。

特性⑥：複数の課題を同時に扱うのは苦手

人間であれば、仕事で与えられる課題が常に一つだけ、ということはまずないでしょう。いくつかの課題が同時に与えられ、並行して処理することが求められます。また、売上を上げるという課題と併せて、社内の事務作業にも対応するといったように、性質がまったく異なる仕事を並行で処理することも少なくありません。それでも人間はそれほど問題なく対処できるでしょう。

しかし、AIはそういきません。AIは基本的に、与えられた課題専用に作られていることが多く、ほかの課題を割り当てても対処できないことがほとんどなのです。

ＡＩは大別して、汎用型ＡＩと特化型ＡＩに分類されます。現在活躍するＡＩのほとんどは、何か一つの課題だけを解決できる特化型ＡＩであり、アニメやＳＦでよく出てくるような、**なんでもこなせる汎用型ＡＩは存在していない**のです。

もっと正確にいうと、複数の課題をこなすＡＩを作ること自体は可能です。しかし、その性能が一つの課題専用に作られたＡＩよりも劣りやすくなるのです。

人間は複数のことを学んでも、過去に学んだことを早々忘れることはありません。細かい点は忘れてしまうでしょうが、課題をこなすうえでの要点まできれいさっぱり忘れることはまずないでしょう。何度かやれば思い出せるくらいには、過去の経験を覚えているものです。

しかし、**ＡＩは過去に学んだことの要点を覚えておくことができない**のです。そもそも、ＡＩは学習した際に、コツを把握できていません。ＡＩはすべてを数値化して意味をほとんど失った形で捉えています。そのため、あくまで「こうした数値パターンがきたときは、こういう数値を出すと良い」という関係性しか学んでいないので、どうしてそれでうまくいくのかを説明することはおろか、その理屈やコツを理解すらしていないのです。

よって、忘れてはいけない点がどこなのかが分からないので、いろいろなことを次々に学習し続けると、過去に学んだことはすっかり忘れてしまうのです。この「破滅的忘却」と呼ばれる性質は、克服する方法も発見されつつあるものの[24]、今もなお研究者が改善に取り組んでいる大きなテーマなのです。

こうした理由から、AIが二つのことを同時にできるようにするためには、二つの課題を常に同時に学習し続けるのが基本となります。一つ目の課題について学んだあとに二つ目を学ぶという方法では、一つ目にやったことを忘れてしまうからです。

しかしこの方法では、新しい課題を学ぶたびに過去に学んだ課題すべてを総ざらいしなくてはならないため、とても多くの時間とコストを要することになります。そのため現代のAIは、ただ一つの課題だけを解決できる形にした特化型AIばかりとなっているのです。「Midjourney」もイラストを描くというただ一点に特化することで、高いクオリティを実現しています。

コラム

汎用型AI

なんでもこなせる汎用型AIは、まだ誕生してはいないのですが、それを実現させようという試みはすでにいろいろ行われています。その方法として現在着目されているのが言語です。人間が見出した解決方法は基本的に言葉で書き表すことができます。したがって、**あらゆる問いに対**

して言語で回答できるＡＩが実現できれば、それは汎用型ＡＩとなりえるのではないか、というわけです。

この考え方を形にしたＡＩで、有名なものがＧＰＴ-３です[25]（現在では、その進化版であるＧＰＴ-４も発表されています[26]。ちなみに、冒頭で触れた「チャットＧＰＴ」は、ＧＰＴ-３に調整を加えて会話に特化させたものです）。ＧＰＴ-３の基本的な機能は、「ある文章が与えられた際に、それに続く文章としてふさわしいものを生成する」というものです。たとえば、「富士山の標高は」という文章を与えたら、続く文章としてふさわしい「３７７６メートルです」を生成してくれます。つまり、知りたい内容を文章で与えれば、何でもその答えを返してくれるわけです。

ただ実際には少し工夫を加える必要があります。「富士山の標高は」に続く文章が必ずしも欲しい答えとは限りません。「富士山の標高は測量方法の変更に伴い、12センチ低くなった」といった続け方でも文章として成立するからです。そこで、与える文章を図７のように工夫し、続く文章が必ず望む回答となるように限定させるのです。この考え方を駆使すると、質問応答だけでなく、翻訳や文章校正、文章の印象（ポジティブ・ネガティブ）判定といった万能な使い方ができるようになります。

ＧＰＴ-３はあくまで、文章の適切な続け方を学習しているだけであって、質問に対する正解は何か、といったことは学んでいません。そのため、解答の文章がおかしな表現を含むことも十分ありえます。たとえば図７の中でも、地震が発生した際の対処として「家の中では、テーブルなどに**身を乗せて**避難する」という明らかに間違った方法が示されています。裏を返せば、解答文章をAIが一から自作している証拠ともいえるでしょう。

質問応答

質問：日本で一番高い山は？
解答：富士山です。

質問：地震が発生した際はどうするべきですか？
解答：**様々な対策が必要となりますが、基本的には、**

・窓やドアを開け放し、避難路を確保する
・家の中では、テーブルなどに身を乗せて避難する
・立ち止まってはいけない
・火気やガスを使用しない
・バルコニーから避難する場合は、必ずロープを使用する

などが挙げられます。

翻訳

English: May I help you?
Japanese: どうなさいましたか？

English: What are you looking for?
Japanese: **何をお探しですか？**

文章校正

間違った日本語：私はリンゴで食べます。
正しい日本語：私はリンゴを食べます。

間違った日本語：今日朝ごはん食べるない。
正しい日本語：今日朝ごはんを食べてない。

間違った日本語：今、私それ知た。
正しい日本語：**今、私はそれを知った。**

文章の印象（ポジティブ・ネガティブ）判定

文章から読み取れる印象を、ポジティブかネガティブかで答えます。

この製品はあまり使い勝手が良くないよね。
印象：ネガティブ

また買わせてもらうことにするよ。
印象：ポジティブ

これは、まさしく痒い所に手が届く商品だね。
印象：**ポジティブ**

図7●GPT-3の利用例（太字がGPT-3の回答）

ＧＰＴ－３は、その仕組み上、あらゆる問いに対して何らかの回答を返すことができます。これによって、あらゆる課題に対応できる万能な汎用ＡＩを実現しようというわけです。最近では、グーグル社が作り出したＰａＬＭ（パーム）という類似ＡＩが、さまざまな言語課題に対して人間の平均点を上回る成績を実現しています[27]。

こうした汎用型ＡＩは、理想的なＡＩ像を実現するものではありますが、現時点では問題も抱えています。現在の汎用型ＡＩは「広く浅く」学習する方針となっています。そのため、あらゆる課題に対する応用力は非常に優れているのですが、**何か一つの課題に絞って考えるなら、それ専用に作られた特化型ＡＩの方が優れている**ことも多いのです。

もっと大きな問題となるのがコスト面です。汎用型ＡＩはきわめて膨大な情報を学習させなくてはなりません。ＰａＬＭでは多言語にも対応できるようにするため、**学習に使う文章の延べ単語数が７８００億個**という途方もない数になっています[28]。学習に要した費用もまた尋常ではなく、１千万から２千万ドルともいわれており[29]、少なくとも一般的な企業で試せるレベルではありません[2]。

そのため、最近ではこうした汎用型ＡＩの開発から遠ざかる動きも出てきています。たとえばＥＣ大手のＡｍａｚｏｎはこうした万能なＡＩの開発からは距離を置き、もう少し限定的でコストを抑えたＡＩの開発に舵を切っています[30]。

もちろん、汎用型ＡＩを一からすべて開発する必要性はなく、すでにある汎用型ＡＩを借り受ける方法もあります。特定の課題に絞ると性能が低くなる点も、汎用型AIをベースに用いて追加で学習すれば、高性能なAIを実現することが可能です（このような使い方を見据えて作られた大型なAIを「基盤モデル」といいます）。実際に、PaLMが苦手としていた数学の問題に対して、追加学習をすることで性能を大幅に引き上げた例が報告されています[31]。

しかし、こうした汎用型AIはきわめて大型である以上、その運用や調整は容易ではありません。高額なコンピュータを用意しないと動かせない可能性も高く、運用時にも多額のコストを要することでしょう。

ただ最近では、チャットGPTのようにあらゆる課題に対応できるAIを他社から提供してもらい、そのまま利用するという方法も有力な手段となってきました。しかしその場合、AIと交わした会話内容が（AIを介し第三者に伝わるなどして）外部に漏洩するのではないか、といった別の懸念がでてきます。実際、機密情報の流出を懸念して、**世界ではチャットGPTの利用を制限したり、禁止したりする動きも出ている**のです[32][33]。

2 こうした莫大なコストをかけてAIを作っているのは、ディープラーニングでは大型のAIであればあるほど性能が高くなりやすいという研究結果があるためです。大型なほど性能が高くなるというのは一般的な感覚からすれば当然と感じるでしょうが、AI研究者の間では大型すぎると性能が悪くなると考えられていたため、衝撃的な発見でもありました。

さらにこうしたＡＩは現在、権利関係での揉め事にもさらされています。チャットＧＰＴはその高い性能を発揮するために大量の学習データを用いているのですが、その中に作成者の許諾を得ていないデータが含まれている、という疑いがもたれているのです。実際、米国の主要メディアであるウォール・ストリート・ジャーナルが、無許可で自身のコンテンツを利用されたとしてチャットＧＰＴの開発元へ抗議しています[34]。その他にも、冒頭で触れた「Ｍｉｄｊｏｕｒｎｅｙ」に対し、一部の画家などが集団訴訟を起こしたりしています[35]。こうした流れを受けて、権利関係の問題が一切ないことを売りにするＡＩも出てきているほどなのです[36]。

まだまだ誕生から日が浅いこともあり、これらのＡＩを取り巻く状況が今後どう動くかは見通しが立ちにくいところがあります。導入するならば、このあたりの懸念も織り込んでおかなければならないわけです。

よって現状では、**取り扱う課題を絞り込んで、必要な範囲内でＡＩを形にした方が費用対効果を高めやすい**と考えられます。汎用型ＡＩは選択肢として考慮には入れつつも、より限定的な範囲で低コストに始める方が価値あるＡＩの実現にはつなげやすいでしょう。

特性⑦：超高速に処理ができる

ここまでの話を見ると、ＡＩが人間に比べていろいろな面で劣っている、という印象を抱いたかもしれません。実際のところ、ＡＩは人間の代替として機能するには、あまりにいろいろな部分が欠けています。しかし、ＡＩは人間より優れている面もあるので、活かし方次第では人間を超えることもできます。

ＡＩが人間よりも優れている点は、なんといってもその処理速度です。ＡＩはコンピュータという体を持っているため、疲れを知らずに超高速な処理を実現できます。よって、**質よりも量で攻めれば人間を圧倒することが可能**です。

それがうまく発揮されているのが、将棋や囲碁といったゲームの分野です。これらはすでに人間のプロを凌駕する力を持っており、人間がＡＩに教わるような状況へと至っています。将棋や囲碁では対戦相手と交互に行動を行うわけですが、その展開の可能性は多種多様であり、人間がそのすべてを検討することなどできません。そのため、ありえそうな展開に絞って考える、つまり質の高い先読みを駆使することで人間は優れたゲームプレイを実現しています。

一方、ＡＩはそこまで質の高い先読みはできません。そこで、その質の低さを量で補っています。人間では絶対に追いつけないスピードで、一秒間に何百万通りといった可能性を検討し、最善の行動を発見することができるのです。

「Ｍｉｄｊｏｕｒｎｅｙ」も、人間なら優に数時間はかかるイラストを、たった一分程度で描き上げることができます。そのため、イラストの完成度が低かったとしても、何度も書き直しをして量で攻めることができるのです。実際に数百枚もの書き直しを経て描かせた絵を、人間が少し微調整しただけで出品したところ、美術品評会で一位を獲得したという例もあります（QR1）[37]。

特性⑧：人間には扱えない情報も活用できる

もちろん処理速度以外にも、AIが人間より優れている点はあります。AIは人間と違い、すべてを数値化して捉えているという話をしました。これは本来の意味を失ってしまうというデメリットもありますが、一方で**人間が考える「意味」にとらわれずに情報を扱える**、というメリットでもあります。これにより、人間が知覚しにくい情報も活用できるのです。

人間は目からの視覚情報や、耳からの聴覚情報などを使って情報を処理しています。この処理能力は非常に高度であり、今のAIでも人間と同じレベルで処理することはできません。人間と同様に目に映る物体の位置関係を精緻に把握したり、聞こえる音を正確に言葉として捉えたりすることはできないのです。

これは、物体の位置関係をつかむことや、聞こえた音を正しく言葉として解釈することが、人間にとって非常に大きな価値を持っているためと考えられます。これらを正しく捉えられなければ、自分の方へ向かってくる物体を避けることができませんし、情報を正しく伝達することもできないからです。

こうした人間の能力は、「普段の生活において重視すべき情報を重点的に取り扱う」という人間の経験則から生み出されたものです。人類の歴史の中で活かされ続けてきた情報だからこそ、優れた処理能力を発揮できるわけです。

しかし逆にいえば、普段の生活の中で重要性が低い情報はわきに置いてしまいがちです。そうしたメリハリを持った取捨選択ができるからこそ、高い能力を発揮できるのです。よって、日常の中であまり活用しない情報、たとえば製品に生じた微細なキズを目で見て検品する、といったことはどうしても不得手になります。もちろん、訓練次第で見分ける能力を高めることはできますが、経験を積むための長い時間が必要になってしまいます。

また、人間の目も万能ではありません。人間の目では見分けられない差異も存在します。肉眼で判別できない場合、特殊なカメラで撮影して確認することになりますが、そういった特殊な画像でチェックすることは、長い人類の歴史の中でごく近年でしか行われていないことです。そのため、人類にとって不得手な分野になりやすく、それなりの熟練が必須となってしまいます。

それに対しAIでは、こうした点は問題になりません。そもそもすべてを数値化して意味を失った形で扱っているので、特殊なカメラで撮影した画像も、人間が肉眼で捉えている画像も、大

QR1　一位を獲得した絵画についてのニュース（9news）
https://www.9news.com/article/news/local/next/next-with-kyle-clark/ai-artwork-first-place-prize-colorado-state-fair-competition/73-d4a6053b-3312-4445-9b20-13a9c38c9b90

した違いがないのです。よって、**人間が普段触れないタイプの画像情報などは、AIの方が優れた性能を実現できる**ことがよくあるのです。

最近では人間の脳波の形状から、発話しようとした内容を読み取るという、人間ではほぼ不可能な領域を実現したAIも誕生しています[38]。この開発が進めば、発話できなくなった方の言葉を補うこともできるようになるでしょう。人間にできない領域は、まったく新しいサービスの可能性に富む領域でもあります。AIの活かし方は人間の代替だけでなく、こうした未知の可能性にも広がっているのです。

特性⑨：無限に複製できる

誰かが培った技術をどうやって他の人に継承するかは、少子化社会を迎えた日本では特に憂慮すべき課題です。培った能力を他人が引き継ぐことは容易ではありません。同じ経験を積んだとしても、得られる能力にはどうしても個人差が生じてしまうからです。

しかし、AIはその実態がデータであるため、容易に複製が可能です。つまり、一度高性能なAIが作り出せれば、永久に途絶えることなく、さらにさまざまな場所へと広げていくこともできるのです。

「Midjourney」も、利用者からの数多くの依頼をさばけるように、その裏側では複数の「Midjourney」が動いていると考えられます。AIであればサービスの規模がいくら大きくなっても柔軟に対応することが可能なのです。

無限に複製できるという特性をより効果的に活かしているのが、米国の国防高等研究計画局（DARPA）が実現したAI教師です[39]。すでに過去の研究から、多人数に対する教室授業よりも、個別授業のほうが大幅に生徒の成績を引き上げられることは分かっていました。しかし、個別授業の実現には数多くの教師が必要であり、また各教師の負担も大きいという課題があります。そこで、個別指導ができるAI教師を開発して大量に複製することで、その問題を解決しようとしたのです。この場合、AI教師の性能が人間より低くても、個別授業の実現によって人間を上回る教育効果が発揮できます。

実際に、海軍のIT教育を効率化するために生み出されたAI教師は、わずか4か月の個別指導によって、従来の教室授業を受けた生徒はもとより、その授業を担うレベルのベテランIT担当職員すら上回る成績を達成させています。

AIと『機械』の違い

前節ではAIと人間の違いに焦点を当ててきました。ここまでの話を聞くと、AIはかなり『機械』に近い、という印象を強く抱かれたのではないかと思います。たしかに、現状のAIはかなり『機械』的な面が多いです。しかし、やはり『機械』とＡＩの間にも違いがあります。ここからは、『機械』とＡＩの違いについて触れていきます。

特性⑩：安定した性能で稼働はできない

ＡＩは人間を模して創られています。人間はどうしても、間違える可能性のある生き物であり、常に安定した成果を出せるとは限りません。ＡＩは、そうした短所と引き換えに実現された人間の高い能力を模倣しているため、ＡＩもまたこの性質を持っています。

純粋な『機械』であれば、「こういうパターンではこうする」という動作ルールが仕様書によって明確に定められていて、ルールから外れた動作をすることはありません。一方でＡＩは、必ずしも動作方法が決められてはいません。人間の思考や行動を模倣する、という構想の下に作られている以上、その動作は細かい状況次第で大きく変わりえるのです。

そもそもＡＩが人間を模倣しようとしているのは、動作ルールを定めることができないくらい臨機応変な対応ができるようにしたいからです。取る行動パターンが一つ一つ厳密に定められているレベルでは、人間を模倣できているとはいえないでしょう。

実際のところをいえば、**一昔前のＡＩは、状況に応じて決められた行動を返す、厳密な動作ルールを定められたタイプが主流**でした。しかし、近年のＡＩブームにおいては、さまざまな状況に対応できるＡＩの方が主流となってきたのです。つまり、この特性は**最先端のＡＩに多くみら**

れる特性といえます。性能を高める方法を模索した結果、非常に複雑な対応能力が得られた代わりに、その性能の制御が難しくなってしまったのです。

最先端のAIがどんな判断や行動をとるかは、AIの作成者にすら制御が困難です。つまり、安定した稼働ができるかどうかは分からないため、**『機械』のように性能を担保することは困難**なのです。『機械』であれば、問いかけに対し何秒以内に対応する、といった保証をすることも可能です。しかし、AIにはそうした保証や、与えられた課題に対し一定の正解率を保った解答をする、といった担保も容易ではないのです。

「Midjourney」でも、「中世の都市の俯瞰図」というお題でイラストを描かせたところ、何度やっても城の周囲が炎上した絵を描いてくるので四苦八苦した、という話がありま す[40]。安定的に要望を満たすことは、いかに高性能なAIでも難しいのです。

特性⑪：細かな動作調整は難しい

特性⑩と関連する話ですが、AIは制御が困難なため、**AIが下した判断結果の傾向を少しだけ調整する、といったことも難しい**、というのが実情です。「このケースだったら判定結果を常に×とする」といったような、大雑把な調整であればできるのですが、微妙な調整となると一筋縄ではいきません。

この話を聞くと、「AIが暴走する」という展開もありえるのではないか、と感じてしまいそうですが、世の中にあるＡＩが、暴走によって人々の生活を脅かすことはまずありません。**ＡＩが最終的に選べる判断や行動の選択肢そのものは、人間が制限できる**からです。つまり、「人を攻撃する」などといった危険な行動そのものを絶対に選べないようにすることで、人間に危害を加えないように制御することはできるのです。

ただ、その制御方法も万能ではありません。たとえば自動運転車に搭載されたＡＩに、「人間に向かって走行しないように制限する」こと自体はできるのですが、どれが「人間」であるかをＡＩが正しく判定できなければ（たとえば、人間を新聞紙だと誤認していたら）誤って人間を轢いてしまう可能性もあります。こうした制御が十分にできなければ、真の意味で安全なＡＩとはいえないでしょう。

しかし、そうした微調整は容易にはできないのです。特に最近のＡＩは、大量のデータから独自の観点で判断方法を獲得しているため、人間にはその詳細がほとんど理解できず、**どう変更したら望んだ調整になるのかがはっきりとは分かりません**。そのため、ＡＩに与えるデータの範囲を調整するなどして、うまく希望通りの学習ができるように何度も試みるしかないのです。

「Ｍｉｄｊｏｕｒｎｅｙ」でも、やはり望んだ方向へイラストを調整することは容易ではありません。文章での指示の仕方をいろいろ工夫して調整を試みる際に、あたかも人間がＡＩのご機嫌を取っているかのような試行錯誤をしなくてはならないのです。そうした**ご機嫌を取るテクニックは「プロンプトエンジニアリング」と呼ばれ、これからのＡＩを活かすうえで重要な技術だと**

目されているほどなのです[41]。

ただ、最近の性能向上は目を見張るものがあり、ご機嫌を取る難易度は大きく下がってきています[42]。これは、「Midjourney」が作成したイラストについて、利用者からその良し悪しをフィードバックしてもらうことで、利用者が好む画像を生成しやすいように調整を繰り返しているためです。しかし、理想通りのイラストを描いてもらううえで、ご機嫌を取るということはまだまだ必要なテクニックであると考えられます。

2章 AIをビジネスに導入する際に陥りやすい落とし穴

AIは人間とも『機械』とも違う存在である。この点を認識せずに人間や『機械』と同じ感覚でAIを扱ってしまうと、思いがけぬ落とし穴にはまってしまう恐れがあります。AIには最先端技術が活用されているため、どうしても導入コストが高くなりがちです。たった一つの落とし穴で大きな損失につながる可能性も十分にありえるのです。

今もさまざまな企業でAIのPoC（実施前の効果検証）は行われていますが、60％以上の企業は、それより先（実用段階）へと進められずに終わっています[7]。もし落とし穴が分かっていれば、PoC段階で躓くリスクも下げられますし、明らかに失敗する可能性が高いなら早期に取りやめて有望なAI開発へと資源を回す、といった選択も可能になってきます。**落とし穴の性質や避け方を正しく把握することは、活かせるAIを生み出す人材にとって不可欠な要素**なのです。

もちろんその落とし穴も、ただ定型的に覚えているのでは意味がありません。どうしてそれが落とし穴になるのかを理解しなければ応用が利かないからです。そこで本章では、1章で触れたAIの特性と紐づけて、「AIのどういった特性が影響して失敗が起きるのか」も併せて解説することで、さまざまな状況にも応用できる価値ある知恵として身につけられるようにしています。

もちろん、あらゆる失敗例についてここで解説できるわけではありません。特に、AI絡みに限らずビジネスシーンで陥りやすい失敗もあるわけですが、それらはAI人材でなくても気を付けるべき話ですので本書では深くは触れません。たとえば、得られる成果と費やしたコストが見合わない、つまり費用対効果が悪い、という失敗もその一つです。

この失敗を避けるためには、収益が見込めそうなポイントに狙いを定め、投入するコストとの兼ね合いも考慮し、費用対効果の高い範囲に絞って導入する、というのがセオリーとなります。しかしこれは、AIに限った話ではなく、あらゆるビジネスにおいて必須となる観点です。

AIを導入する際には、これらの**一般的な観点を押さえるのは当然のうえで、さらに気を付けなければならないことがある**のです。収益効果の高いポイントの見定め方や、投入するコストの抑え方、範囲や規模の絞り方などにAI特有の問題が絡んでくるのです。そしてそこには、AIが持つ特性が強く影響しています。

本章では、そういったAIの特性から生じる落とし穴について解説していきます。もちろん、落とし穴が分かっても回避の仕方が分からなければ、具体的なアクションにつなげられません。

そこで、落とし穴を回避する方法論についても解説していきます。本章を読むことで、落とし穴にはまって失敗する可能性を大きく下げ、効率的にＡＩを導けるようになることでしょう。

落とし穴①
ＡＩで実現したいことが不明確なまま始めてしまう

まず何よりも重要な点は、ＡＩで解決したい課題や、その目標の決め方です。「特性①：どれが対処すべき問題なのかを自分で決められない」「特性②：どうしたら課題解決となるかを自分で決められない」で示したように、ＡＩは自分で課題を決めたり目標を定めたりすることはできないため、人間がきっちりと定めなくてはなりません。

漠然とした目標だけ与えても、人間のように空気を読んで細かいことを適切に決めてはくれません。**数値のような明確に判断できる形で目標を定めなくてはならない**のです。「優良顧客を増やす」といったあいまいな目標ではなく、「ある特定のサービスの利用者を増やす」「これから一年間に10万円以上使ってくれる顧客の数を増やす」といった明示的な形を心がけましょう。この点については、『機械』と向き合うかのように、明確に掲げることを意識する必要があります。

しかし、ＡＩが性能を発揮できるような目標設定はなかなか難しいのが実情です。先の例で挙げた「これから一年間に10万円以上使ってくれる顧客を増やす」という目標も、完璧な設定ではありません。特性の解説時にも触れましたが、利用額だけで判断すると、コストを度外視して収益性の悪い戦略を選んでしまう可能性があるからです。

仮に「未来一年間の（コストを加味した）収益額を増やす」と設定した場合でも、一年目以降の中長期的な要素が考慮できていません。すると、短期的に収益が上がれば良いことになるため、顧客の離反を招きかねないコストカットを行い、長期的にみたら大きな損失を招く可能性があります。だからといって、「未来五年間の収益額を増やす」といった定め方では、成功したかどうか判明するのに五年もかかってしまいます。

こういった問題点を解決する方法としては、収益性の観点だけでなく、「顧客満足度を上げる」観点も併せて掲げる手があります。ただしこの場合、「顧客満足度」とは何かを数値で明確に示さなくてはなりません。しかし、「顧客満足度」は人間の感覚で推し量られていることが多く、明確な数値として表現することは容易ではないのです。

また、「収益性」と「顧客満足度」という二つの目標を同時に掲げたとき、どちらをどれだけ重視するか、というバランスの設定も求められます。人間に指示するのであれば、「どちらも大事だ」とだけ伝えて、あとはうまくやってくれ、ということもできるでしょうが、ＡＩではそうはいきません。どういったバランスで考えるのかについても、数値できっちりと定めなくてはならないのです。

このように、**いかに人間の思う目標をＡＩが正確に目指せるようにするかは結構な難題**なのです。それにもかかわらず、ＡＩ導入の検討段階でそこまで考えているケースは決して多くありません。漠然とした目標で導入検討を進めてしまうことも少なくないのです。すると、ＡＩも目指す方向性が分からないので芳しい成果が得られにくくなります。その結果、期待する成果を出せる力がないと勝手に解釈され、ＡＩは役に立たない、という烙印を押されてしまうのです。

これを避けるためには、**明確に目標を定めたうえで導入を検討するよう心がけること**です。特に、目標が壮大になればなるほど抽象的な表現が含まれやすくなり、失敗しやすくなります。「顧客満足度の向上」といった漠然とした目標から始めるのではなく、あらかじめ「顧客満足度」とは何かという検討から始めて具体化する、あるいは「顧客満足度の向上」に寄与しやすいサービスを選定して「そのサービスの利用者を増やす」といった、より具体的な目標に落としてから始める、といった工夫をすることをお勧めします。

もちろんこれは、簡単にできることではありません。実際のところ、ＡＩ構築で一番大変なのはこの部分といっても過言ではないのです。基本的には、**何度も検討や試行を繰り返して、少しずつ優れた課題設定や目標設定を探していく**ことになります。大切なのは、課題や目標を明確に定めることがＡＩの性能やサービスの実現性を大きく左右する点を意識して、改善の余地がないかを常に確認しながら進めていくことなのです。

落とし穴②
人間レベルの性能実現を前提に考えてしまう

最近のAIは高性能になってきているため、「AIは人間と同じレベルの作業が実現できる」と安易に思われがちです。たしかに、ゲーム分野では人間を打ち負かすAIがいろいろ誕生しており、他の分野でも人間を超えるレベルのAIは存在します。いきなり最初からうまくいくとは思っていないにせよ、そう遠からず人間と同じレベルで作業はできる、と感じてしまうのは仕方のないことでしょう。

しかし、実際のところ**AIが人間を超えられる範囲はとても限定的**です。1章で触れたように、AIは人間に比べて劣っている点も多く、人間なら簡単にこなせる課題でもAIには難しい、ということも少なくありません。

AIが人間を超えることができるのは、人間に勝る強みである「特性⑦：超高速に処理ができる」や「特性⑧：人間には扱えない情報も活用できる」、「特性⑨：無限に複製できる」がうまく活用されている場合におおむね限られています。つまり、これらの**特性が活かせない課題では、AIが人間に匹敵できないことも少なくない**のです。

ただし、仮に匹敵できなくても、収益効果を出すことは十分可能です。たとえば、百人体制で行っていたチェック作業にＡＩを導入して、自動化を図ることを考えてみます。その際に導入するＡＩの精度が、全体の半分だけしか正確にチェックできない程度だったとしましょう。当然、性能としては芳しいものとはいえません。

しかし、これはそもそも百人体制で行っていた作業です。その作業を半分ＡＩに任せられるということは、人件費を半分に減らせるということです。五十人分の人件費が浮くのであれば、コスト削減効果は決して少なくありません。ＡＩの開発コストを差し引いても、十分な費用対効果が見込めるでしょう。

人間と同じレベルで作業できる、という高い目標が実現できなくても、ＡＩを導入する価値は十分にありうるのです。重要なことは**ＡＩの導入効果を数値に落として考え、費用対効果を正しく推し量ったうえで判断する**ことです。

すでに多くの導入事例があるケースであれば、その費用対効果を推し量ることは難しくないでしょう。参考となる情報が十分に得られやすいからです。問題は、そうした過去の事例があまり得られない、新たな活用を検討する場合にどうするかです。

ＡＩを本格的に導入するには開発コストが大きくかかります。そのため、コストを大きく投じる前に、費用対効果を見積もりたいのですが、新しい取り組みである以上、試してみないことにはその効果がはっきりと分かりません。そうしたケースでは、あらかじめＰｏＣ（実施前の効果検証）という形で、範囲を限定したＡＩを低コストで試作してみるのが一般的です。その結果をもとに期待できる性能や収益効果を推し量り、費用対効果が見込めると判断してから本格的なプロジェクトへと進行させるのです。

しかし、PoCの結果、十分な効果が見出せず終わってしまうというケースも少なくありません。PoCはその性質上、短期間で実施されることが多いため、その**期間内で導入を推し進めるに足るだけの成果を見出せるかが鍵**となります。

実現したいAIは千差万別である以上、こうすれば必ずうまくいく、なんて安直な方法はありません。そうした状況下で、かつ短期間で成果を発揮するためには、**AIを効果的に活かしやすい目標、範囲へと適切に絞りこむ**こと、よくある落とし穴にはまって時間を失わないようにすること、という基本を押さえることが何よりも重要になります。

落とし穴③ わずかな性能向上に高いコストを投じてしまう

落とし穴②では、全体の半分しかAIに任せられなくても費用対効果を得られる、という話をしました。ただそうはいっても「AIに任せられるのは全体の50%」という数値だけで見ると、もっと性能を上げられるのではないか、と感じることでしょう。たしかに、性能をさらに高められれば、人件費の削減効果はさらに大きくなります。しかし、それで費用対効果が高くなるわけではない、という点には注意が必要です。

どんなＡＩでも基本的にコストを投じるほど性能は向上しますが、その効果は次第に頭打ちになってきます。つまり、投じたコストに見合う成果が得られず、費用対効果は逆に悪くなる、ということも多いのです。

もちろん、これはＡＩに限った話ではありません。現場の人間に教育をする場合でも、お金をかければかけるほど収益性が上がる、なんて夢物語を信じる人はいないでしょう。ただ**ＡＩの場合、性能を上げようとするとコストが飛躍的に高くなりやすい**、という性質があるのです。

ＡＩの性能をさらに高めようとした場合、今ある情報だけでは超えられない壁に到達していることがほとんどなので、新しい情報を取り入れるのがセオリーとなります。実はＡＩにとってそれがハードルの高い作業となることが多いのです。

工場で作られた製品を検査するＡＩの例で具体的に考えてみましょう。これまで目視での検査だけを行っていた工場で、さらにその検査の質を上げるべく、新たに製品の動作音に異常がないかも確認することを考えてみます。

検査者が人間であった場合、この追加オーダーを出しても難なくこなせるでしょう。これまでに行っていた目視検査に加えて、新たに異常な音が発生していないかを耳で確認するだけです。どんな音が鳴っていたら異常を疑うか、ということだけ教えられれば、よほど聞き取りにくい音でない限り問題なくこなせるでしょう。追加でかかるコストはほとんどありません。

しかし、検査者がAIの場合はそうはいきません。画像から診断するという視覚的な作業と、音を聞いて異常を判断するという聴覚的な作業は、まったく別の機能だからです。前者はカメラを使い、後者はマイクを使うことになるため、そもそも入力方法からして違います。よって、まずは音を録音するためのマイク設置から始めなくてはなりません。

このように、**AIに別の機能を追加するということは、新たなAIを作ることとあまり大差ないことが多い**です。つまり、新規の情報を活用しようとすると、どうしてもコストが大きく跳ね上がってしまいがちなのです。これは、「特性⑥：複数の課題を同時に扱うのは苦手」という特性もその一因となっています。

AIは性能を追求しすぎると、コストがそれに見合わなくなりがちです。そのため、性能を上げることに執着しすぎず、どのくらいの性能でどのくらいの成果やコストが生じるかという関係性を踏まえながら、費用対効果を意識して進めていくように心がけるとよいでしょう。

特に、目標が壮大であるほど扱う情報が多岐にわたりやすくなるため、この問題に行きあたりやすくなります。これを避けるためには、**スモールスタートを意識すること**です。性能はそこそこでも構わないと割り切り、最初は小さくても運用ができる形で作り上げるのです。実稼働ができれば、性能とコストの関係性も見通しが立ちやすくなります。つまり、投じるコストのリスクをコントロールしつつ、徐々に性能を拡張していきやすくなるのです。

また、高いコストを投じた割に中途半端な性能になってしまうと、現場側の高まった期待を大きく裏切る結果になりやすく、計画が頓挫する危険性が高まります。実際に、ソフトバンクが社内向けＡＩを導入したところ、性能に不満を持ち、ＡＩの利用を拒否する人が多かったそうです。その際の教訓として、いきなり高性能なＡＩを実現するのは難しいことを理解し、**最初から完璧を求めず小さく始めて効率的に効果を高め、大きく育てることが重要**だと語っています[43]。

もちろん、遠大な計画が達成されるまで収益性は度外視、という話ではビジネスとして成立しないでしょう。したがって、可能な限り初期段階から費用対効果が得られるような形は心がけるべきです。そのためには、ＡＩが効果的に活かせる範囲に限定して始めることが大切です。つまり、ＡＩの特性を踏まえて、ＡＩが成果を発揮できる範囲を見極められることが大事なのです。

コラム

なぜＡＩは機能を追加するとコストがかかりやすいのか？

落とし穴③の中で「画像で診断するという視覚的な作業と、音を聞いて異常を判断するという聴覚的な作業は、まったく別の機能」だと説明しました。しかし「ＡＩはすべてを数値で捉えているのだから、視覚的か聴覚的かという違いなんて分からないのでは？」と疑問に感じたかもしれません。

たしかにＡＩには画像も音声も同じにしか見えません。よって、両者を同じ扱い方でＡＩに処理させることはできます。しかし、そうして作ったＡＩが高い性能を発揮できるとは限りません。当然のことですが、画像と音声はその性質が違います。あくまで**ＡＩには区別できないというだけで、本来は分けて取り扱うべき**なのです。

そこでＡＩを作る際には、**入力情報の性質に合わせて、ＡＩの内部構成を変えるのが基本**となっています。画像には画像用の、音声には音声用のＡＩ構成があって、扱う入力情報に適したＡＩを割り当てるわけです。そのため、新たな入力情報を扱う場合、それに対応したＡＩを新しく用意しなくてはならず、コストが大きくかさんでしまうのです。

ちなみに、ＡＩの内部構成のパターンは数多く存在します。日夜世界の研究者たちが、新しいＡＩを設計して発表し続けているからです。ＡＩベンダーであっても、広く知名度を獲得したいくつかの内部構成をピックアップしているだけで、その全容はもちろん、さまざまな課題に合わせた最適なカスタマイズ方法までは把握していないことがほとんどです。

そこまで把握できるようになると、深いレベルでＡＩを使いこなす人材となれるわけですが、すべての人がそのレベルに到達する必要はありません。深い話は専門家に任せて、ＡＩの特性やできること、できないこと、効果的な扱い方を正しく理解し、深い知識を持つ人たちと一緒に方針を検討したり議論したりできることが、これからのＡＩ人材に求められる能力となるでしょう。

落とし穴④
AIでなくてもいいことまでやらせてしまう

落とし穴③の中で、性能を上げることに注力しすぎず、費用対効果を考えて段階的に推し進めることが重要であるとお話ししました。先に触れたように、今のAIは高い性能を実現しようとするとコストがかかりやすくなります。特に「特性④：与えられた情報を一からすべて吟味してしまう」があるため、扱う情報が増えれば増えるほど、見る価値のない情報に費やすコストの割合が増えていってしまいます。

そのため、むしろそれほど性能を高めない方が、より優れた費用対効果を得られることもあります。極論をいえば、人間が考えた「こういう場合にはこうする」という簡単なルールで自動的に判断する**シンプルな方法の方が、性能はそこそこでもコストが低く抑えられ、費用対効果が高いという可能性も十分ある**のです。

そして、このシンプルな方法なら人間に理解できない間違いもほとんど起こりえません。**人間が設計したルールに穴がない限り、意図しない間違いは発生しえない**からです。それでいて費用対効果が高いのであれば、無理してAIを用いる理由などないでしょう。

しかし、こういった観点を無視して、やみくもにAI導入を進めてしまっているケースも少なくありません。これは「AIを導入すること」そのものが目的化しているケースでよく見られます。「世間のAIブームに遅れをとりたくない」「新しいAI技術を活用したい」「せっかく導入したAIツールを使いたい」といった考えが先行し、導入目的が明確でないまま進めてしまっているのです。

こうした事態を避けるためには、落とし穴①でも触れましたが、まずは**何をしたいのか、どうなったらいいのかという目的や目標をきちんと定めてからAIの導入を検討する**ことです。その際に、本当にAIでなければ実現できないのか、目標に到達できないまでも十分な費用対効果が生み出せはしないのか、という点も併せて考えるようにしましょう。

高い目標へと到達するには、時間もコストもかかります。それを無理やり実施しようとすると、コストの高さがネックとなって否定的な意見につぶされてしまうでしょう。簡単な方法で収益効果を生み出せるなら採用し、その実績や利益を足掛かりにしてより大きな目標へと進めていく、という考え方も壮大なAI計画を実現するうえで有効な戦略なのです。

落とし穴⑤
理解できない失敗への対処が考えられていない

「特性③：理解できない失敗を犯しうる」で触れたように、AIは人間には考えられない間違いをする可能性があります。そして、人間に理解できない間違いがビジネスにおいて重大な問題につながりうることはすでに解説した通りです。そのため、この種の間違いが発生しうるという前提で、運用時の対策を検討しておくべきでしょう。対策がなされていれば、周囲の失望を買ってAIの導入が頓挫する危険性を大きく下げることができるからです。

では具体的にどうすればいいのでしょうか？　そうした間違いをしないようにあらかじめ調整できればそれが理想なのですが、「特性⑪：細かな動作調整は難しい」で触れたように、AIによる判断を細かく制御することは困難です。

そこで、AIが間違えないように**常に人間がチェックする**、もしくは**間違った際に利用者にそれを許容してもらう**、のいずれかが対策としてよく使われます。前者は間違いが許されないタイプのサービスで、後者は間違っていても許容してもらえるタイプのサービスで主に用いられます。

前者の例としては、自動車の自動運転などが挙げられます。自動運転は間違いが人命に直結します。間違える可能性がわずかであっても許容できるものではないため、常に人間によるチェックを組み合わせることが基本となってきます。

日本でも道路交通法が改正され、AIで自動運転することも可能になりました。しかし、問題発生時にはドライバーが運転操作を直ちに引き継ぐことと定められています[44]。これは、AIが理解できない間違いを犯す可能性が拭いきれないため、**人間が常に監視する体制にすることで、AIが犯す失敗をカバーできるようにしている**のです。「常に人間がチェックする」場合、AIは人間の支援的な役割を担い、最終的な判断は人間に委ねる形となります。

一方で後者は、間違いを許容してもらうことで、人間が常に監視しなくてすむようにしようという考え方です。このタイプは、AIが間違いを犯す可能性を利用者に理解してもらい、間違った際の責任は取らない、という形にしていることがほとんどです。

このタイプの例としては、翻訳サービスなどが挙げられます。最近の翻訳AIは非常に高性能になってきました。しかし、それでも場合によっては、ひどくおかしな訳し方をすることもあります。つまり、AIが翻訳を間違っているわけですが、それを誰かが監視して正しい翻訳に直したりはせず、間違っていてもそのまま提示する形をとっています。利用者にはそれを踏まえたうえで活用してもらうわけです。

もちろん、AIの間違いがあまりにもひどければ、利用してもらえなくなってしまうでしょう。しかし、現在の翻訳AIは優秀であり、仮に翻訳が間違っていてもニュアンスは十分伝わることがほとんどです。特に人間は、これまでの話の流れや背景知識などから意味を推し量って補完する能力を持っています。そのため、**間違った訳が含まれていても理解に困らないことが多く、誤**

りを許容してもらいやすいのです。

その他の例としてはデジタルカメラでの顔認識が挙げられます。これは被写体の顔の位置を自動で捉え、そこにフォーカスを合わせてくれるＡＩです。このＡＩが間違うと、被写体に正しくピントを合わせることができません。しかし、人間がタイミングを見計らってシャッターを押す以上、致命的なピンぼけが生じることは少ないでしょう。最悪のケースでも、ピンぼけした写真ができるだけで済みます。

このように**失敗する可能性自体が低く、かつ失敗時のリスクが低くて許容できるレベルであれば、「間違いを許容してもらう」ＡＩにする**ことが多いです。ただしその際、失敗する可能性があることを利用者にきちんと認識してもらうように心がけるとよいでしょう。完璧にできる、という期待を持たれた状態で失敗すると失望につながりやすく、クレームに発展する危険性もあるからです。

落とし穴⑥
稼働初期から完全自動化前提で進めてしまう

「特性⑩：安定した性能で稼働はできない」で触れたように、ＡＩは安定して稼働できるとは限りません。仕様書に基づいて厳密に動作が定められた『機械』とは違い、処理内容が複雑で人間には理解しがたいためです。ただそれでも、継続的に運用されていけば、発生した問題への対処方法やノウハウを培うことができるため、安定稼働へとつなげていくことができます。

一方で、そうした**蓄積が薄い運用開始当初には特に注意が必要**です。初めからいきなり本番システムで本格稼働させることは好ましくありません。すでに他社で導入されてノウハウが十分蓄積されている、ということでもない限り、AIの動作を検証する期間をきちんと用意して、AIが期待するレベルで安定に稼働できるかを確認していくことが望ましいのです。

これは「常に人間がチェックする」タイプのAIでも気を付けるべき点です。人間が最終判断してくれるとはいっても、**どういった観点でチェックすれば効率的に安定稼働できるかが、運用してみないと分からないことも多い**からです。

「特性⑩：安定した性能で稼働はできない」を知らないと、こういった準備期間をおざなりにしがちです。もちろん、どの企業も「AIが最初から優れた成果を出せる」とまでは考えていないでしょう。しかし、「特性③：理解できない失敗を犯しうる」までは認識していないことも多く、とりあえず本番システムで稼働させてみて、後で微調整すればいい、と安易に考えてしまいがちなのです。

これは、「一人の人間の仕事すべてをAIでそっくり置き換えられる」、つまり「AIが人間の手を介さないで完全自動で動ける存在」だという幻想にとらわれていることの証左ではないかとも思います。実際には、いきなり完全おまかせで安定に動作させることは難しいのです。これは能力的にできないという面もあるのですが、それよりも**ビジネスとして安全にサービス運用ができない**点が強く影響しています。

たとえば、さまざまな研究が進んでいる自動運転AIは、すでにほとんどの道路でおおむね問題なく運行できるレベルにはあります。しかし、それを実用に持ってこられるかどうかは別問題です。**99％正しく動作できるレベルでも1％はミスを犯す**のです。一回の間違いが多大な被害へと直結しうるケースであれば、99％うまくいくという程度ではまったく実用に耐えないのです。

完全自動化の際には、運用の中で発生するAIの失敗やそれによって生じる問題を、コストとして織り込んでビジネスを設計しなければなりません。しかし運用開始当初のような不安定な状況下では、コストがとても大きく上振れる可能性があり、織り込んで考えることがどうしても難しくなります。無理に見積もっても、費用対効果が見合わなくなる可能性が高いのです。そのため、**安定に稼働する実績が得られるまでは、本格稼働に乗り出さないのが無難な選択**なのです。

AIに精通した企業はそういった見極めはとても得意です。リスクやコストがコントロールできそうになければ、そもそも手を付けること自体をやめてしまいます。たとえばグーグル社は、もともと自動運転車の開発に乗り出していましたが、現在は自社開発からは撤退しています[45]。

ただ実際のところ完全に撤退したわけではなく、ベンチャーを立ち上げて直接的な矢面に立つことを避けた、という形のようです。実際、立ち上げたウェイモが自動運転開発で世界をリードする存在となっています。将来性は十分感じていつつも、安定稼働の実績が積まれていない現段階で矢面に立つのはメリットが薄い、と考えたのでしょう。このように、適切な段階の踏み方を見極められることは、AIをビジネスで活かす存在となるうえでとても重要な感覚なのです。

落とし穴⑦ 人間とうまく連携した運用体制が整備できていない

AIは人間と『機械』の中間という、両者の性質が入り混じった今までにない立ち位置の存在でした。AIは、人間や『機械』と単純に同一視することはできません。既存のサービスで人間や『機械』が行っている作業をAIに代替させたいなら、今までとは違う新しい運用体制が求められます。

新しい運用体制を作らなければならない点は、大きな障壁となりえます。特に人間の代わりにAIを使う場合、現場がAIを受け入れてくれない可能性があるのです。

この理由の一つとして、AIの判断方法が人間とは異なることが挙げられます。AIはそもそも人間と同じ考え方で判断していません。言語や画像の違いすら理解していないことを思い返してもらえれば、人間と違う判断の仕方になるのも当然のことと納得できるでしょう。よって、A

Iが導いた結果が人間にとって納得できないことも少なくないのです。実際に日本IBMで人事評価にAIを導入したところ、判定の理由が理解できないとして従業員が労働争議を起こす、といった事態も発生しています[46]。

そうした意見の食い違いが生じても、人間同士であれば、お互いの判断理由を持ち寄って多角的な観点から最良の結論に至ることもできるでしょう。必ず理解しあえるわけではありませんが、議論を交わし続けることで、最適な着地点を模索していくこともできます。

しかし、AIの思考方法は人間と異なるため、AIと人間が意識をすり合わせるのは容易ではありません。AIの意見を調整したくても、「特性⑪：細かな動作調整は難しい」がネックになってしまいます。そのため、**意見の食い違いが生じた際に、どう対処・フォローするのかという運用体制まで含めて考えておく**とよいでしょう。できれば、その運用にかかるコストまで含めて、費用対効果を捉えることが望ましいです。

特に、「常に人間がチェックする」タイプでは、最終的な決定に対して人間が責任を持つことになるため、最終判断できるだけの材料が不可欠となります。つまり、**AIがどうしてそう判断したのかを可能な限り可視化する**必要があるのです。

もちろん、AIの判断は人間に理解できないことが多いため、その可視化も容易ではありません。しかし、一切提示ができないというケースもまた稀です。提示できる範囲で、いかに判断に使えそうな情報を分かりやすく提示するか、もしどうしても提示できないのであれば、**どういっ**

た基準で人間に最終判断をしてもらうか、といった点を整備することがポイントになってきます。

AIを導入した際の運用体制がきちんと整備されていないと、サービスの質が低下したり、利用者の満足度が低下したりする可能性があります。特に日本では、サービスの質が悪くなることを許容しにくい面が強いように思われます。AI導入後の運用体制が整備できていないと、「人間でやっていた頃の方が使いやすかった」という印象を持たれてしまって、利用者が活用してくれなくなることも多いのです。そのため、AIを導入した後の運用体制まで見据えて進め方を考えることが重要なのです。

コラム

AIの性能が優れていても、理解が得られるとは限らない

AIの導入を試みた際、現場の反発にあう、というのはよくある話です。その理由の一つとしてよく挙げられるのが、性能が期待していたレベルではなかったから、という点です。

AIの性能が低いなら、現場が使いたくないと言い出すのは当然のことでしょう。しかし、AIの性能が高くても人間がそう捉えてくれるとは限りません。十分な成果を出せるAIでも、質があまり信用ならないと現場から反発されてしまい、実用的な導入に至れないこともあるのです。

これは**人間が意外と主観的な見方で物事を判断しやすい**点が影響しています。人間は合理的な判断をしていると捉えられがちですが、ときに合理的ではなく、自分が見た・感じた範囲の取り出しやすい記憶を重視して判断したりしがちなのです。この性質を行動経済学では「利用可能性ヒューリスティック」といいます[47]。少ない情報からでも最適な判断を実現できるようにする人間の優れた能力でもあるのですが、一方で公正な基準で判断できない危険性も有しています。

これに対し、ＡＩは「特性②：どうしたら課題解決となるかを自分で決められない」で触れたように、目標として定められた「公正な」基準で判断します。そのため、人間の思い込みから生じる主観的な要素には左右されません（ただし、人間が定めた「公正な」基準自体に主観的な要素が含まれていた場合は、その限りではありません）。

かつて、囲碁というゲームでＡＩが人間を超えるレベルへと到達した際、ＡＩが選んだ行動の中には、当時のプロの多くが悪手だと評した行動もいくつかあったそうです[48]。しかし、実際にはそれらは優れた手であり、ＡＩが「公正」な判断で勝利を模索していたからこそ見つけ出せたのです。人間の思い込みによって判断が左右されてしまっていた好例といえるでしょう。

ＡＩは人間のために活用される以上、どこかで人間とつながっています。どんな導入の仕方でも、ＡＩの挙動や判断が人間に提示されるタイミングは必ず存在するのです。その際に**いくら公平で優秀な判断をしていたとしても、それを利用者に納得してもらえるかは別問題**です。何も考えずに人間をＡＩに置き換えるだけでは、長く利用してもらえるものとはなりません。ＡＩと人間とがうまくつながるように、既存の運用体制の変更も含めて整備することを心がけるようにしましょう。

落とし穴⑧ 学習に使うデータが十分に用意できない

昨今のAIは、蓄積されたデータから傾向を学習して方法論を自動的に獲得する方法が主流となっています。この場合、**学習に使えるデータ、いわゆる学習データが十分に用意できることが必須条件**となります。

一方で、「特性⑤：人間より学習の効率は悪い」で触れたように、AIは人間ほど柔軟で強力な学習能力を持っていません。その欠点を「特性⑦：超高速に処理ができる」を活かして、質より量でカバーしています。そのため、人間が学ぶよりもはるかに多くの学習データを用意しなくてはなりません。

もし学習データが十分に用意できていない場合、学習データを準備するところから始めることになります。しかし、用意すべき学習データが数万〜数百万といった量になることも少なくありません。これだけの量を集めることは多大なコストを要するでしょう。どこかから入手したAIをそのまま使う方法もなくはありませんが、同じことが競合他社にもできてしまうため、差別化が図れず収益性を高めることが難しくなります。

最近では、学習データ量を減らす工夫もいろいろ考え出されてきてはいます。たとえば、既存の優れたAIをベースとし、そこから追加で学習を行って新たなAIを作ることで、一からAIを作る場合に比べ、用意すべき学習データの量を大きく減らす方法があります。

また、対象とする課題に「類似したデータ」を用意して事前に学習させておくことで、必要な学習データの量を少なく済ませる方法もあります。この方法はいうなれば、日英翻訳について学ぶ前に、日本語や英語についての一般的な文法を学んでおくことで、翻訳そのものについての学習データ量を減らす、といったイメージです。

こういったテクニックの発展により、一昔前に比べてはるかに準備すべき学習データ量は減らせるようになってきました。しかし、あくまで減らせるだけであって、学習データを集める必要性は依然として残ります。さらにいえば、どういったAIをベースとすべきか、どんな類似データを用意すればよいのかといった部分にはノウハウがいります。すでに過去実績がある分野であればまだいいのですが、価値を生み出しやすい新しい領域でうまく学習データ量を減らすのはそう簡単ではありません。

近年においても**学習データをどう準備するかは依然として悩ましい問題**です。データの種類によっては外部から手に入れることもできますが、量がとても少なかったり、数は多くても非常に高価であったりと、低コストで数多くのデータを調達するのはなかなか困難なのです。そのため、現時点でどんなデータを持っているかという点は、AI活用の成否を大きく分ける非常に大きな要素となっています。

一方で近年では、ネット上のデータを収集して活用するのも有効な手段となってきました。特に日本はパラダイスと評されるほど、第三者の著作物を学習データに活かしやすい法整備がなされています[49]。しかし、国際的にはより厳しい制約を設けられていることが多いため、今後の動向には注意が必要です。活用する際は常に最新の状況を確認し、専門家の意見も交えつつ進めていくのが良いでしょう。

以上のように、学習データの量を少なく済ませるテクニックや、ネット上のデータを活用するといった方法はあるのですが、それでも十全なデータを最初から手に入れられることは少ないでしょう。よって基本的には、運用しながら少しずつ集めていく、という考え方を念頭に置いて進めることをお勧めします。

3章 AIを活かしたサービスへの導き方

ＡＩを主導する人材に最も求められることは、詳細な理論や細かい作り方などではありません。ＡＩの特性を理解して、**進むべき方向性や対処方針を指し示し、ＡＩの構築・導入を円滑に進行できること**です。

ここまでにお話しした内容は、まさにそうした人材に求められる知識です。特に2章では、ＡＩを作る際に注意すべき点について、ＡＩが持つ特性と紐付けながら明らかにしました。これによって、皆さんの現場でＡＩを活かす際にも、落とし穴にはまって時間や費用を大きく無駄にすることなく、ＡＩの特性を踏まえた効果的な進め方を見出せることでしょう。

ＡＩの構築は決して容易な話ではありません。失敗はつきものです。しかし、その失敗の程度が軽ければ、次につなげていくことができます。少しずつでも継続していけるなら、優れたＡＩ

へとブラッシュアップする道が生まれます。その道筋へとたどり着くためのポイントを押さえたことは、AI人材にとって最も大事な点を押さえたといえるでしょう。

あとは、この知識を実際の事例へと活かしていくだけなのですが、それぞれが抱える状況や環境に合わせた方法論をここで語ることはできません。そこで本書では、まず基本的な方法論について触れていきます。ただ、一口にAIといってもいろいろな作り方があり、それぞれで気を付けるべきポイントは異なります。そこで本章では、**最近のビジネスで最もよく使われている「教師あり学習」だけに絞る**ことにします。

初めに教師あり学習とは何か、どういったポイントを押さえる必要があるのか、という点について触れた後で、教師あり学習の基本的な手順について解説していきます。

さらに本章では、皆さんがAIを導入する際の助けとなるよう、すでに世に誕生して価値を創出しているAIがどうポイントを押さえて、どう落とし穴を回避して作られているのかについて解説していきます。

世に公開され、価値を生み出しているAIは、AIの特性を理解し、その利点を活かす形で組み上げられています。先に挙げた**落とし穴をうまく回避するためのポイントも押さえられているからこそ、世に価値を生み出せている**わけです。こうした成功例がどういったポイントを押さえているかが見えてくれば、皆さんが価値あるAIを生み出す際の大きな力となることでしょう。

もちろん、世にあるAIの本当のところを外部の人間が深く知っていることはありません。内部の実情まで公開しているケースは、決して多くはないからです。

しかし、**AIの特性を理解している人であれば、どういったポイントを押さえているのかをある程度推察することができます。**そこで、筆者が過去のAIプロジェクトで培った経験に基づく独自の推察を交えて解説していくことで、価値あるAIを生み出すヒントとして活用してもらいたいと考えています。

なお、あくまで独自の視点での推察ですので、実際の開発者の想定や思惑と異なる点も含む可能性はあります。しかし、そもそも正確にその推察を当てることが目的ではありませんので、その点はご理解ください。

教師あり学習とは何か

AIは人間を模倣することを目的として作られています。ただその模倣の仕方は一通りではなく、いくつかのタイプがあります。細かく分けるとさまざまな方法があるのですが、現在のAIを形作る主要な要素に絞って分けると、次の四つに分類できます。

教師あり学習：人間が決めた正解を、真似できるようにする

教師なし学習：データの中で頻出するパターンを見つける／まとめる
強化学習：与えられた選択肢から試行錯誤して、うまくいくやり方を見出す
生成学習：与えられたデータのパターンを真似して、似て非なるものを作る

このうち、前者二つは古くからビジネスで活かされている手法であり、現在もなおＡＩの主流を占めている手法です。後者二つは最近隆盛してきた分野であり、これからのＡＩを担いうる手法となっています。いわば前者は今のＡＩを、後者はこれからのＡＩを形作るものであるといえるでしょう。

前者二つの中でも特にビジネスで活かされている、つまり**高い費用対効果を生み出しているのが教師あり学習**です。本章では教師あり学習についてのみフォーカスし、ほかの三つについては次の章で触れていきます。

教師あり学習は古くから存在する、ベーシックな方法です。考え方としては、**問題文と正解が書かれた問題集を用意し、問題文を読んだだけで正解を答えられるように学習する**、というものです。人間が試験勉強をする際に、問題集を使って勉強するのと同じ考え方です。

具体的に、画像認識のＡＩを作る例で見てみましょう。画像認識とはＡＩに画像を見せて、写っている物体が何なのかを判別させる、というものです。

教師あり学習を使ってＡＩを作る場合、まずは解きたい課題に対応した問題集を用意します。

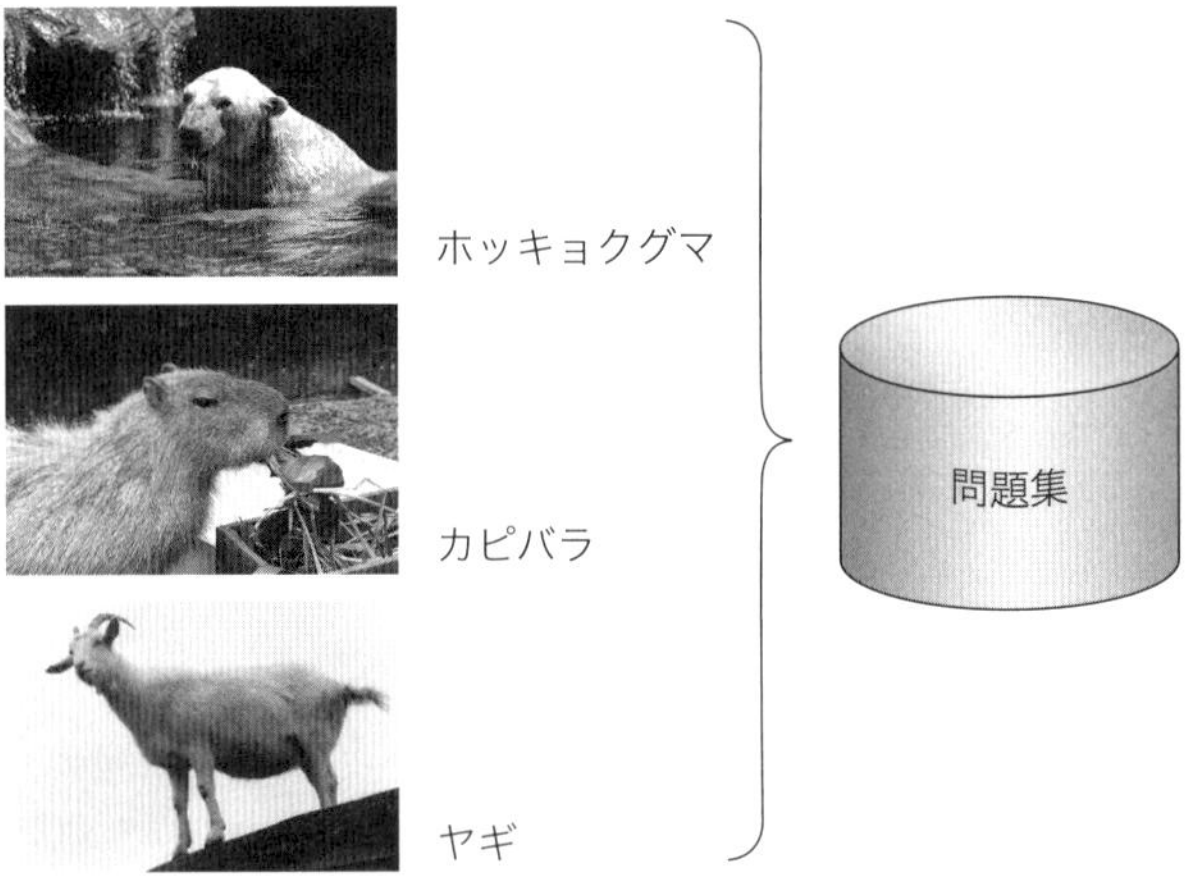

図8●問題集のイメージ

画像認識の場合は、認識したい物体が写った画像と、その「正解」、つまりその物体の名前、という組となります（図8）。

次に、用意した問題集を使ってＡＩに学習させます。教師あり学習では、問題集の中にある画像を見せられた（入力として与えられた）ときに、その正解を正しく答えられる（出力できる）ように学習していきます。こうすると、問題集の中にはない新しいカピバラの画像をＡＩに与えたときでも、「カピバラ」という解答を返せるようになるのです（図9）。

このときＡＩは、人間と同じようにカピバラの特徴を捉えているわけではありません。基本的には色の配置が問題集にあったカピバラの画像とよく似ているから、というだけで判断しているのです。

これをもっと**人間に近づけたやり方にしたい**

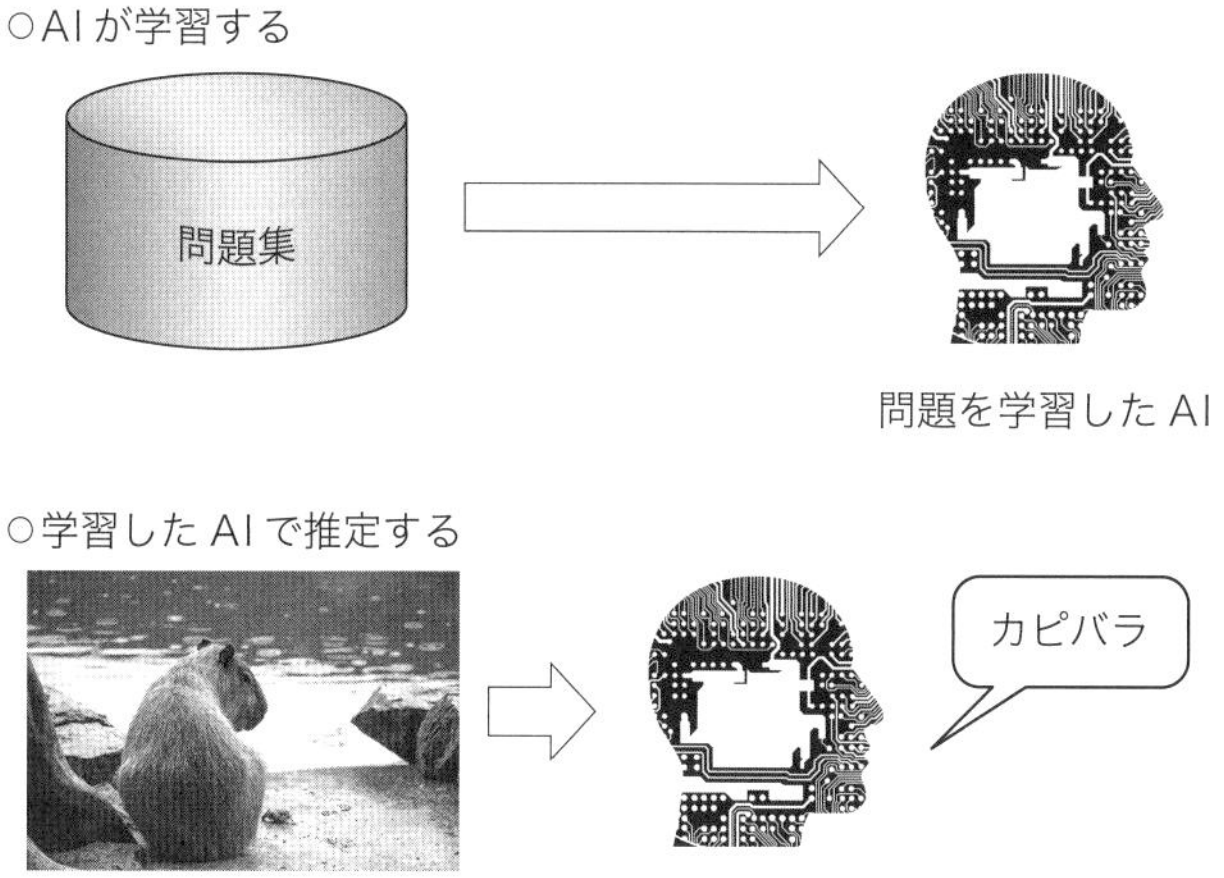

図9●教師あり学習のイメージ

場合は、段階を踏んで判断するという方法があります。たとえば、まず頭を検出するＡＩを作り、次にそのＡＩから頭の形状や位置情報を受け取って目を検出するＡＩを作り、さらに得られた目の位置関係の情報を受け取って動物の種類を判断するＡＩを作る、といった感じです。こうすると、人間と同様に頭の形状や目の位置関係などを捉えたうえでの判断ができるようになります。そして、このように判断する過程を段階的に細かく切り分けることで、判断経緯が人間にも理解しやすくなります。

しかし、段階を全部一から切り分けるのは大変です。動物である場合とない場合、それが脊椎動物かそうでないか、といったレベルまで切り分けて考えていたらＡＩがいくつあっても足りないでしょう。

この考え方を大きく変革したのが最近のＡＩ

の主流となっているディープラーニングです。ディープラーニングの大きな特色は、**細かい特徴ごとにAIを分けることなく、一つのAIで一気にカピバラかどうかや、その特徴まで含めて判断する**という方針をとっている点です。当然ながら細かく段階を踏むよりも高い判断性能が必要になるわけですが、それを**圧倒的な計算能力を持つコンピュータと大量のデータを使って力業で実現させてしまおうという考え方**なのです。

　この力業が実現できた秘訣は、ディープラーニングのしくみにあります。ディープラーニングは人間の脳を模倣したしくみとなっています。人間の脳内には、ニューロンという小さな判断を行う細胞が無数に存在します。そして、一つのニューロンの判断結果が次のニューロンへと連携され、渡された情報を使ってさらに複雑な判断をする、という段階的な構成になっています。

　たとえば、あるニューロンが視界の中から「線」を発見し、その情報を受け取ったニューロンが周囲の情報と組み合わせることによって「三角」を発見し、さらにその情報を受け取ったニューロンが……という流れを繰り返すことで、最後尾のニューロンが、視界にあるものを「ピラミッド」だと判断する、といった感じで、先ほどの「カピバラ」の判断方法と同じような段階構成となっているのです。

　そうした人間の脳内構成を模倣するために、ディープラーニングは**ニューロンのように小さな判断ができるパーツを、無数に詰め合わせた構成**となっています。[3]人間の脳内と同じ構成にすれば、「ピラミッド」かどうかを判断できることはもちろん、その途中段階の「線」や「三角」といったさまざまな特徴やポイントまで自分で勝手に見つけてくれるのではないか、と目論んだのです。

結果的にこの方法は大成功をおさめ、これまでのAIを大きく超える性能を実現しました。しかし、捉える特徴やポイントまでまったく人間と同じ、というわけにはいきませんでした。「線」や「三角」程度の簡単な特徴であればある程度可能なのですが、**人間がその判断理由を説明する際に使うような特徴やポイントのレベルでは捉えられなかった**のです。

人間と同じ特徴やポイントをうまく捉えられない理由として、**AIに学習させている課題は、人間が日々直面する課題ほど複雑ではない**、という点が挙げられます。人間は日々生じる多種多様な課題をこなしながら生活しています。一方でAIは、人間が用意した比較的単純な一つの課題を学んでいる程度です。学ぶレベルが異なる以上、見出す特徴やポイントが異なってくるのは

3　最近の研究では、用意したパーツすべてが価値を発揮しているわけではなく、「与えられた課題に適したパーツ（の集合）」だけが働き、それ以外は逆に邪魔にならないよう働かなくなっていくことが分かってきています。そのため、ディープラーニングではできる限り大型にして、数多くのパーツを取り揃えておいたほうが、その中に「与えられた課題に適したパーツ（の集合）」が含まれやすくなり、高い性能を発揮しやすいとみられています。一方で、大型になるほど学習だけでなく運用も大変になるため、学習後に働いていないパーツを見つけて取り除く「蒸留」という手法もまた注目されてきています。

当然でしょう。

たとえばＡＩは「画像に映った生物の名称を答える」という課題について学ぶ際、「生物の名前」を答えるうえで必要な情報しか把握しません。**全体的な形状だけで名前が分かるなら、それ以上深く見極めようとはしない**のです。一方で人間は、危険を回避するという生物としての本能的な欲求があります。そのため、生物の顔や視線の向き、手足の位置までも無意識に捉えようとするでしょう。ＡＩにはこうした生存本能がないので、捉える観点が異なってしまうわけです。

画像を見て判断する程度の課題をこなしている限り、ＡＩには「頭」や「顔」、「手足」といった動物の骨格に関する特徴などを学ぶ必要性がありません。[4] そのため、学習していない未知の生物を初めて見た際に、それがどういった動物なのか、といった判断をする力は人間の方が優れています。動物の骨格に関する常識を活用して、目に映る生物の特性を推し量れるからです。

話をまとめますと、ディープラーニングで作られたＡＩは、人間と同じ考え方で情報を捉えていません。よって、**その判断理由は人間には理解できないことがほとんど**です。ＡＩはＡＩなりに特徴を捉えてはいるのですが、人間が理解している特徴とは異なるのです。

この性質はＡＩを活用するうえで大きな障壁になります。たとえば自動運転で「大きくハンドルを切るべき」とＡＩが判断したとしても、その判断理由が人間には分からないため、その判断の妥当性をチェックすることが難しいのです。

この問題点は、ＡＩの作り方次第で解決することはできます。先ほど触れたように、**ＡＩが判**

断する課題を適切に小分けして段階的に設定すればいいのです。自動運転の例でいえば、「大きくハンドルを切るべき」といった運転指針だけを判断させるのではなく、その判断理由となる「車が前から逆走している」「上から危険物が降ってきている」といった特徴やポイントを判断するAIも併せて作ればいいのです。

この考え方の実例として、国語の記述問題を採点するAIがあります[51]。記述問題は、完璧な正解でなくても解答の質によって部分点を与えることがあります。その際は、どれだけ解答が正解のポイントを押さえているか、で判断することになります。しかし、単純にディープラーニングを用いただけでは、人間にも理解できる部分点の与え方が実現できません。そこでこのAIでは、「答えの主語が正しい」「設問意図を反映した部分を例示している」といった部分点を付与する根拠（特徴）を判断するAIも併せて用意することで、部分点に対応した採点を可能にしています。

この方法は、判断の理由が人間にとって分かりやすくなり、人間が扱いやすいAIにできるという大きなメリットがあります。その一方で、学習データ、つまり問題集を作る手間が大きいというデメリットが生じます。**発見したい特徴ごとに、その正解を人間が用意しなくてはならない**

4　画像を見て判断する程度の課題では学ぶ必要がないというだけで、AIが骨格を学べないというわけではない点には注意してください。人間の骨格等を推定するAI自体は存在します[50]。

からです。そのため、どういった特徴やポイントを判断させるか、その数や範囲をどう限定するかが費用対効果を左右します。数が多ければ多いほど、正解を用意するコストが増えてしまうからです。

範囲を限定することについて、自動車の自動ブレーキ機能を実現するＡＩを例にとって少し深く考えてみましょう。自動ブレーキ機能を実現する一番シンプルな方法は、ブレーキを踏むべきか否かを判断するＡＩを構築することです。しかし、それだけでは踏むべき理由が把握できません。ブレーキを踏むべき理由は「信号が赤である」「歩行者が横断歩道上で待っている」などいろいろありえます。しかし、いろいろな課題を解決できるようにすることは、「特性⑥：複数の課題を同時に扱うのは苦手」からいって好ましくありません。

そこで、「交通法規に従ううえでブレーキを踏むケースは除外する」と対象範囲を狭めてみましょう。交通法規はもちろん守るべきですが、**自動ブレーキ機能が一番防ぐべきは事故の発生**なので優先すべき観点ではありません。対象から外して範囲を限定しても最低限の機能は提供できます。このように、範囲を限定する際のコツは**最も求められているニーズがどこなのかを見極め、その範囲がカバーできるように限定すること**です。

こうして範囲を限定すれば、「急に前へ何かが飛び出してきた」「死角から何かが接近してきた」「アクセルとブレーキを踏み間違えた」といった、発生を防止したい課題にだけ対象を絞り込むことができます。収集すべき学習データの範囲も狭まるので、コスト削減につなげられるのです。

しかし、まだこの段階では、「急に前へ何かが飛び出してきた」「死角から何かが接近してきた」「アクセルとブレーキを踏み間違えた」といった課題ごとに学習データを用意しなければならないため、学習にかかるコストは決して低くはありません。もっとコストを抑えたいのであれば、さらに範囲の限定を試みる必要があります。

ではここでさらに、AIが発見するポイントを「数秒後に接触する恐れのある物体の位置」と限定したらどうでしょうか？　防ぎたいことが事故の発生だとすれば、見つけたいことは「何かと接触する可能性」です。つまりこの限定は、**捉えたいことをピンポイントに押さえた形**になっています。実際、この方法なら「急に前へ何かが飛び出してきた」「死角から何かが接近してきた」「アクセルとブレーキを踏み間違えた」といった課題のいずれにも対応できます。

さらに、この限定の仕方であれば、危険な物体の位置を人間に提示できるようにもなります。仮にAIが間違った判断をしたとしても、「AIが判断を間違っているだけで問題はない」といった確認を利用者がしやすくなるわけです。

もちろん、もっと多くの特徴を判断した方が優れた自動ブレーキ機能を実現できるでしょう。実際に世に出ている自動運転AIは、もっといろいろな特徴を捉えられるようにしています。しかし、あれもこれもと欲張ってはコストが膨らんでしまいます。特に開発初期段階ではコストがかさむとAI導入自体が頓挫してしまいかねません。

どんな形であっても運用されてさえいればさまざまなデータや知見を集められます。したがって、**必要最低限な範囲に絞ってでも、運用にもっていくことは選択肢として十分価値がある**のです。

ただここで一つ注意してほしいことは、**絞った範囲が本当にニーズを捉えているか、**という点です。たとえば「**1秒後**に接触する恐れのある物体の位置」と範囲を限定したら、ニーズは満たせません。なぜなら1秒前に判断できても、**ニーズである事故の回避は困難**だからです。当然といえば当然の話なのですが、それゆえにきわめて大切な観点です。この点を見落としてしまうと、ニーズのないAI開発にコストを割いたあげく、何の価値もないAIができる、という結果になってしまいかねません。

AIの適用範囲をどう絞るかは、AIを効率的に形にするうえでの最重要ポイントです。その絞り方次第で、早い段階から費用対効果を得て、最終目標へと効率的に近づいていけるかが決まります。AIの特性を踏まえ、適切に対象範囲を見定めることを常に心掛けるようにするとよいでしょう。

教師あり学習でAIを作る際には、他にもいくつか押さえておくべき点があります。まず、十分な学習データ量が用意できるかです。AIは「特性⑤：人間より学習の効率は悪い」があるので、人間よりもはるかに数多く学習しなければなりません。力業を使うディープラーニングでは、その傾向が特に顕著です。

では、「どのくらいの学習データがあれば十分なのか？」という疑問も生じるでしょうが、残念ながらそれは課題によりけりで一概にはいえません。「ある試験に合格するにはどれくらい問題集を解けばいいのか？」と聞かれても、試験の内容によるとしか答えようがないのと同じです。特に初めて取り組む課題では、見当がつかないことも少なくありません。少しずつ集めながらＡＩの性能を確認し、用意すべき学習データ量を見極めていくしかないのです。

必要となるデータ量は学習データの質によっても異なります。正解に誤りがある問題集をいくら解いていても成績はなかなか上がらないでしょう。そのため、いかに質の良いデータを用意できるかが鍵になります。[5] 最近では**AIの仕組みを工夫するより、学習データの質を高めるアプローチのほうが大切**だとする「データ中心のＡＩ」という考え方が注目されてきているほどなので

5　質の悪い学習データの例としては、正解が間違っているケースや、問題の傾向が一部の範囲に偏りすぎているケースなどが挙げられます。その他にも、正解と不正解とで作り方が違うケースで質が悪くなることもあります。たとえば、画像に映った製品に異常があるかを判定するＡＩを作る際、異常のデータは有用なので保存していたが、正常なデータは保存していなかった、ということがよくあります。そのときに正常データを後で追加撮影して作ると、正常と異常とで撮影環境（画質や光の加減など）が異なる可能性が生じます。するとＡＩは、製品が正常か異常かではなく、撮影環境の違いの方を判定してしまうおそれがあるのです。

す[52]。

　また、**学習データに付ける正解が、人間にとって理解しやすいこと**も大切な観点です。大量に学習データを用意する場合、「正解」を付ける人を複数人用意することもよくあります。その際、それぞれの人で「正解」の付け方が変わらないよう、意思統一しておかなければなりません。しかし、人間に理解しやすい正解でないと意思統一が難しくなり、学習データの質が下がってしまうのです。

　学習データに付与する正解は、範囲の限定の仕方によって変わります。「ブレーキを踏むべきか否か」と「数秒後に接触する恐れのある物体の位置」では、正解が異なるのは明白でしょう。このケースの場合、「数秒後に接触する恐れのある物体の位置」の方が、正解が人間にとって理解しやすいものであるため、学習データを作りやすくなります。**うまく範囲を限定することは、学習データの質を高めるうえでも有益**なのです。

AIの基本的な構築手順

　さて、教師あり学習の基本を押さえたところで、ここからはＡＩの基本的な作り方について触れていきましょう。本書ではＫＤＤプロセスをベースにして解説していきます。ＫＤＤプロセス

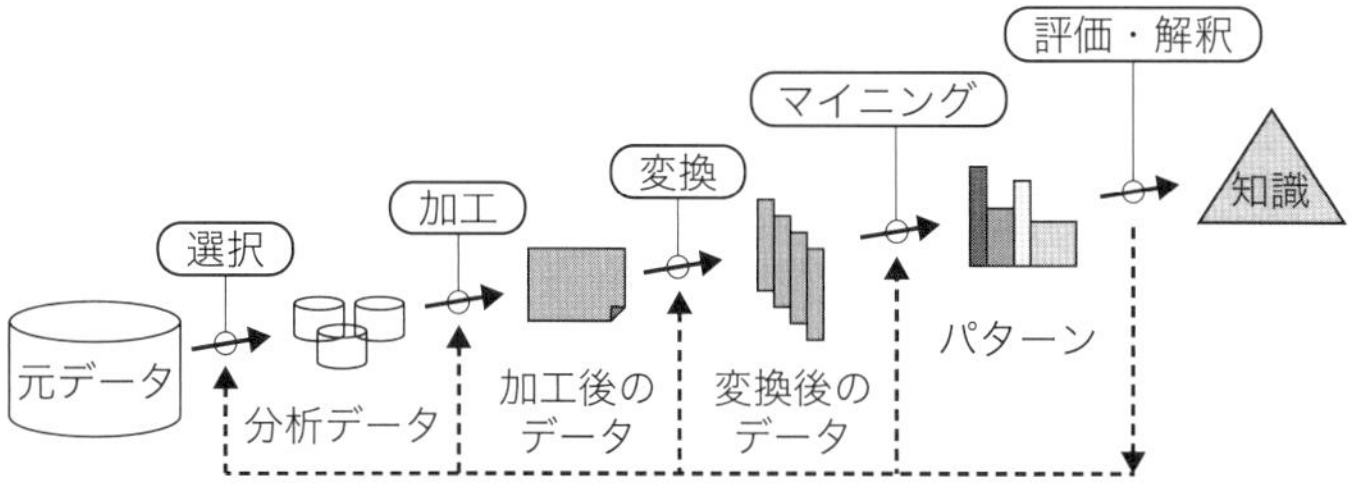

図10●KDDプロセス

以外にも、作り方の基本手順はいろいろな人が提唱しているのですが、細かい違いはあれども大枠は同じです。

なお、本節では教師あり学習でAIを構築する場合を例にとって説明していきます。KDDプロセスはAI構築やそのための分析を行う際の基本的な考え方であり、教師あり学習に限らずその他のタイプのAIにも活用できますが、よりイメージしやすくするために、具体的な話を交える際には教師あり学習の例で説明していきます。

KDDプロセスの全体像を図10に示します。大枠の流れは次の⓪〜⑤で表されます。ただし、図にもあるように、状況に応じて手順の手戻りをすることもあるため、**この手順を何度も繰り返すのが一般的な流れ**になります。

⓪**目的設定**：対象分野の理解、前提条件、目的と目標を明確にする
①**選択**：対象に適したデータを選別する（サンプリング）
②**加工**：データの不備や不均一な個所を補正する

③**変換**：構築したいＡＩに合わせた学習データへと変換する
④**マイニング**：学習データからＡＩを構築する
⑤**評価・解釈**：ＡＩの学習結果を見て、その性能評価や活用方法の模索をする

ＡＩを構築するうえで最も大切なのが、⓪の目的設定です。前節で触れた「ＡＩの適用範囲をどう絞るのか」も、この部分にあたります。範囲をうまく絞るためには、対象とした課題について深く理解したり、作るＡＩにどういった制約条件があるのかを把握したりしなくてはなりません。皆さんの現場で本当に活かせるＡＩは皆さん自身にしか分からないのはこのためです。

この部分は、建物を建てる話で例えるなら、どこにどんな建物を建てるかを考える段階にあたります。これ以降の手順では建物の詳細な構造を詰めていくことになるわけですが、本当にそこに建てるべきだったのか、そこに建てることでどんな価値を得ようとしているのか、といった基本方針はここで押さえておかなくてはなりません。**どんなに立派な建物を建てたとしても、そこに建てるべきでなかった、ということであればすべてが無駄**になります。そのため、何を目的として、どういう範囲のＡＩを構築するのか、ということを考えるこの部分は、ＡＩ構築における最重要ポイントなのです。

先に触れた米国の国防高等研究計画局（ＤＡＲＰＡ）が実現したＡＩ教師の例では、なんとその予算の半分がＡＩの作成ではなく、講師からのヒアリングなどを通じた指導ノウハウ等の情報収

集に充てられたとされています[39]。そこまでコストを投じる価値があるのが、この目的設定の部分なのです。

こうしてAIの目的と目標が明確になったら、次は①選択で、AI構築に用いる学習データを選別します。世の中にはさまざまなデータがありますが、その中から目的に合った学習データ、つまり問題集を構成する要素を集めるのです。たとえば「数秒後に接触する恐れのある物体の位置」を判断するAIを作りたいのであれば、走行中の車に接触しそうな物体を見つけるための情報（車の運行データや車載カメラの映像情報など）と、その正解（数秒後に接触する物体の位置、もしくはぶつかりそうな物体はない、といった情報）の組を学習データとして用意するのです。

学習データを大量に集めたり、それをAIに学習させたりする際にはどうしてもコストがかかります。よって、前にも触れたように、**活用する価値があるデータだけに絞ることは、費用対効果を高めるうえでとても有効**です。

たとえば自動運転において、画像データだけでなく音声データも活用価値はあります。人や車が近づいてきているかについて、音からでも得られる情報があるからです。しかし、それをAIの学習データとして活用するべきかについては慎重に検討すべきです。人が車を運転している際に、車内で音楽を鳴らしていたり、雨が降っていたりして車外の音があまり聞こえなくても安全に運転することはできるでしょう。つまり、音声の情報を加味したとしても、それほど運転性能向上に寄与しない可能性も考えられるのです。

音声情報を加えれば**性能が上がることは間違いないでしょうが、問題はそれが導入コストに見合うかどうか**、です。実際のところはやってみなければ分かりませんが、それでも性能改善につながる度合を推し量ることぐらいはできるでしょう。

肝心なのは、コストとの兼ね合いを考慮して**性能改善に強く寄与しそうなデータに絞り、費用対効果を高めた形を意識すること**です。その際に、AIに関する細かな知識は要りません。必要なのは、作ろうとしているAIに関する背景知識、つまり現場をよく知っている人間の感触なのです。

データの選別が終わったら、次は②加工で、集めたデータを加工します。データは常に十全にそろっているとは限りません。予期しない障害などで正しく取得できていないケースもあります。ここではそうしたデータを補正し、「きれいな」データへと修正します。そのためこの作業を「データクリーニング」ともいいます。

非常に地味な作業ですが、とても大事な工程です。なぜなら、AIは与えられたデータはすべて「正常に取得できたデータ」として扱ってしまうからです。**おかしなデータが入っている可能性を疑ってはくれない**のです。間違ったデータを与えても間違ったAIしか作れません。そうならないためには、きちんとデータを人間が整備しなくてはならないのです。

この手順も、AIに関する数学的な知識はあまり要りません。もちろん加工のノウハウはあった方がいいのですが、「おかしな」データとはどういうものかを知っていることの方がより優れたデータ整備の実現につながります。よって、現場に携わる人の感覚の方が要求されます。

データの整備が終わったら、次は③変換で、AIに渡す正式な学習データへと変換する作業となります。この段階になって初めて、AIを構築する数学的な知識が求められる領域となってきます。AIがうまく学習できるように学習データを調整していかなくてはならないからです。

そしてその後の④マイニングで、いよいよ学習データを使ってAIに学習させます。裏を返せば、長い工程の中で③と④だけがAIに関する数学的な知識を要求される領域なのです。しかも、それまでの⓪〜②でのお膳立てが整っていて初めて③と④に着手できるわけですから、**数学的な知識がいらない範囲の方がAI構築においてははるかに大きい**のです。

特に最近ではAIを手軽に構築できるサービスも充実しています。④の部分をボタン一つで実施してくれるサービスまで登場しているほどです。簡単なAIを作るだけなら、数学的知識は一切なくてもできる時代なのです。

AIを活用できる人間になるうえで、数学的な知識はいらないとしていましたが、半信半疑に思われていたかもしれません。しかし、この話を聞けば、不必要とまではならないにせよ必須ではない、と感じられたことでしょう。実際のところ、一部分だけを専門家に任せれば、価値あるAIは構築できます。なぜなら**AIを形作る要素の大半は、それまでの過程である⓪〜②の方にある**からです。

そうして無事にAIが構築できたら、最後に⑤評価・解釈を行います。AIの評価の仕方はA

Ｉに関する知識がないとできない部分もありますが、もっと**気にかけるべきはＡＩそのものの性能評価ではなく、実際に活用した際にどれだけの効果を生み出せるか**、という点です。性能が低くても費用対効果を得られる可能性はあるからです。

よって、効果がどのくらい生み出せるかを測ったうえで、このままサービスとして提供できるか、精度としては十分といえなくても運用しながらデータを集めてブラッシュアップさせる方法がとれそうなのか、あるいはＡＩを活用する範囲をもっと絞って性能向上させるべきなのか、といった判断を適切に行えるかが問われます。つまりここでも、導入する現場側の視点が求められるのです。

以上が基本的なＡＩ構築の流れです。ご覧の通り、ＡＩに関する細かな知識が必要な範囲は限定的であって、それよりも必要なのはＡＩの基本的な骨子を定められることであり、そこで押さえておくべきはＡＩを導入する対象分野に対する理解の方なのです。

教師あり学習によるＡＩの活用事例とそのポイント

これまでの話で、教師あり学習によるＡＩをどういった手順で作ればよいかが見えてきたと思います。あとは、新しいＡＩ構築で活かすだけです。そこにはある程度のノウハウも必要になってきますが、その勘所やヒントは、世にあるAIの中にたくさん埋まっています。そこで以降では、世にあるさまざまなAIを取り上げ、それらのAIがどういった点に気を付けて実現されたのか、といったポイントを踏まえつつ解説していきます。

まずその前に、AIを作るうえでの勘所を押さえなおしておきましょう。AIを効率的に活用していくうえでは、よくある落とし穴にはまらないようにすることが肝要です。そこで今までの話で触れた落とし穴について洗いなおすと、以下の四点のポイントへとまとめることができます。

1. 活用範囲の限定

AIを活用する範囲を、費用対効果が見込める範囲へと限定する

対応できる落とし穴

- 落とし穴①　AIで実現したいことが不明確なまま始めてしまう
- 落とし穴③　わずかな性能向上に高いコストを投じてしまう
- 落とし穴④　AIでなくてもいいことまでやらせてしまう

2. 失敗への対応方針

AIが失敗を犯した際のカバー方法を考えておく

対応できる落とし穴

・落とし穴②　人間レベルの性能実現を前提に考えてしまう
・落とし穴⑤　理解できない失敗への対処が考えられていない

3. 人間との連携方法

稼働開始初期段階でのＡＩと人間との連携方法を見据えておく

対応できる落とし穴

・落とし穴⑥　稼働初期から完全自動化前提で進めてしまう
・落とし穴⑦　人間とうまく連携した運用体制が整備できていない

4. 学習データの収集方針

ＡＩが学習に用いるデータをどのようにして準備、収集するかを考える

対応できる落とし穴

・落とし穴⑧　学習に使うデータが十分に用意できない

まず一つ目は、「活用範囲の限定」です。ＡＩは「特性①：どれが対処すべき問題なのかを自分で決められない」「特性②：どうしたら課題解決となるかを自分で決められない」があるため、何が問題なのか、どうなったら解決したといえるのかを自分で判断できません。よって、人間が

事前に整備する必要があります。

特に、世にある課題はいろいろな観点が複雑に絡み合っていることも多く、漠然とした理解のまま解決するのは容易ではありません。事前に課題を整理し、**AIの適用範囲を本当に解決したいことだけに絞った方が、コストが下がり容易に実現しやすくなる**のです。

一方で絞りすぎてしまうと、生み出せる価値もまた下がりすぎてしまいます。ビジネス的なニーズがなければ収益につながりませんので、**費用対効果を高められる適正なバランスをとって絞ることが肝要**です。

「活用範囲の限定」が正しく実施できているということは、実現したいことが明確になっているだけでなく、費用対効果を高める観点も正しく押さえられている、ということになります。つまり、わずかな性能向上に高いコストを投じたり、AIでなくてもいいことまでやらせてしまったりすることも防ぐことができるわけです。

二つ目のポイントは「失敗への対応方針」です。AIは人間と似て非なるものであるため、その考え方や間違いの犯し方は人間から見ると理解できないこともありえます。特にディープラーニングを用いた最先端技術のAIは、人間に理解できないやり方でも構わないから性能を高めるというスタンスで作られているため、人間がその判断理由を十分に把握することは困難です。よって基本的には、**理解できない前提でカバーの仕方を考える**ことが求められます。

この点を押さえずに、人間レベルの判断ができると安易に考えて運用したり、人間に理解できない間違いを犯した際の対処方法を考えていなかったりすることが、ＡＩ開発の落とし穴となっていました。「失敗への対応方針」を明確に定めることで、これらの落とし穴を未然に防ぐことができます。

三つ目は「人間との連携方法」です。特に初期段階では稼働が不安定になることはよくあります。十分な数の学習データが用意できず、ＡＩの性能がどこまで見込めるのかが判然としないためです。

性能が不安定になりやすいという点は、いかにうまく活用範囲を限定していたとしても起こりえる問題です。よって、基本的に完全自動化前提では考えず、場合によっては人間がその判断結果を常にチェックする、といった運用体制を敷いておくことが望ましいでしょう。

また、たとえＡＩが正しい判断をしていたとしても、それを受け取った人間側が主観的に捉えて違和感や不快感、不信感を抱く可能性もあります。前に触れたように、人間はあまり合理的でない面を持っているため、主観的な思い込みにとらわれてしまうこともままあるからです。

よって、利用者がＡＩに対して不満を感じにくくなるような体制を整備しておかないと、利用者側の反感や不信を買う結果につながりかねません。どんなに性能が優れていたとしても、**利用者に受け入れてもらえないのでは価値を創出することは難しくなります。**特に運用初期はそうした問題が発生しやすいので、ＡＩと人間との連携方法をきちんと整備しておきましょう。

最後の四つ目は「学習データの収集方針」です。最近のＡＩ構築手法の主流となっている教師あり学習では、相当量の学習データを用意する必要があります。しかし、**データを十全に用意できるケースは稀であり、多くは運用の中で少しずつ集めていく**ことになります。よって、どうデータを確保していくのかは、運用しながら性能を高める方針をとるうえで押さえるべきポイントとなります。

これら四つのポイントを押さえることができれば、落とし穴をうまく回避して効果的なＡＩの活用につなげていくことができるでしょう。もちろん、それは決して簡単なことではありませんが、成果を上げているＡＩの実態を紐解けば成功へのヒントが見えてくるはずです。以降では、これら四つのポイントに焦点を当てて、世にあるＡＩを紐解いていきます。

なお、以降ではＡＩの適用対象ごとに分類して解説していきます。最初に、壮大な構想のもとにさまざまなＡＩを融合して作られた高度なＡＩについて解説し、その後で画像、言語、予測といったより具体的な分野ごとのＡＩを説明します。もちろんＡＩからみれば、画像も言語も同じ数値列にしか見えていないので違いはないのですが、ここでは人間が捉えやすい分け方に基づいて解説します。

高度なＡＩ

まずは、複数のＡＩや機能を組み合わせた高度なＡＩについて触れていきます。複雑なＡＩ構成になればなるほど実現が難しくなるため、最初は小さく作り、徐々に段階を踏んでＡＩの性能を高めていくことが大切になります。つまり、シンプルなＡＩに比べて、「活用範囲の限定」の仕方が鍵になってくるのです。「活用範囲の限定」は四つのポイントの中で最重要な観点ですので、高度なＡＩの解説を通じて重点的に押さえていくことにしましょう。

自動運転ＡＩ

最初の題材は、最近のＡＩの中でも特に注目を集めている自動車での自動運転です。人間の代わりに運転をすべて任せることは壮大な目標であり、求められる機能は多岐にわたります。そのため、自動運転ＡＩは長い歴史の中でいろいろな工夫を重ねながら今に至っています。この自動運転を紐解けば多くのことが学べることでしょう。

まずは、一つ目のポイント「活用範囲の限定」について考えていきましょう。「活用範囲の限定」で気を付けるべきことは、**ＡＩによって価値が生み出しやすい要素へと絞り込むこと**です。価値を生み出す方法としては、利用者から直接利用料を得る以外にも、広告を付けてリリースすることで広告収入を得る方法や、社内で利用することで人件費を下げるなど、さまざまな方法があります。

さらにAIの場合、日本が抱える少子高齢化といった社会問題に対する貢献も見込めます。日本の労働人口は今後減少し続けることが分かっているため、労働力の確保は避けて通れない課題です。つまり、単純に製品としての収益性以外にも、**国などからの公的資金を得て収益性を確保できる可能性もある**のです。実際、自動運転を対象とした推進事業の公募も近年よく行われています[53]。

この他にも収益につなげる方法はありますが、いずれの方法でも考えるべきなのは、**作ろうとしているAIにどれだけニーズがあるか**、という点です。欲する人がいるからこそ価値は生まれます。よって、活用範囲を絞り込む際はニーズをうまく捉えて範囲を絞らなくてはなりません。

その点でいえば、自動運転は十分すぎるほどのニーズを持っています。運転ができない人、苦手な人は多いでしょうし、免許を取るコスト、運転による疲労や事故のリスクなどを考えれば、十分な価値があるでしょう。

また、一般の人だけではなく商業的な要望も大きな分野です。ネット化社会が進みネットショッピングが多く活用されている一方で、運送系の人材は慢性的に不足しています。トラックの運転を代行してくれるAIはお金を払ってでも欲しい存在でしょう。

しかし、一般に**ニーズが高いほど、その実現難易度も高い**傾向にあります。ニーズがあって実現難易度が低いものはすでに実現されていることが多く、新たな類似サービスを新規に提供しても、そこに集まるニーズは次第に低くなっていくからです。当然のことながら、自動運転はかなり難易度の高いＡＩです。人間でも、運転できるようになるまでに相当量の教習や講義を受けなくてはならず、不得手な方も少なくないでしょう。

こうした難易度の高い壮大なＡＩ構想は、無策で取り掛かっても、まずうまくはいきません。成功させるためには、当面の目標を「費用対効果が見込める範囲に限定」し、**小さなゴールを段階的に積み重ねて最終目標に到達する戦略をいかに組み上げるかがカギ**となります。

この点について自動運転では、日本でも図11のような1～5の五段階にレベルを分け、段階的に到達していく構想が明示されています[54]。

細かく段階が分けられていれば、それぞれの時点での活用範囲が小さくかつ明確になります。これにより、壮大な計画に振り回されて過剰にコストを投じたあげく、費用対効果を出せずに頓挫してしまう、といった失敗を抑制できるのです。

もちろん、段階を踏む際には、壮大な計画の実現を見据えた適切な踏み方であることが求められます。その際に意識すべきポイントは大別して二点あります。一つは「各段階で要求されるＡＩの難易度が少しずつ上がる」こと、もう一つは**「初期段階において、ＡＩ開発に投じるコストに見合う収益効果が期待できる」**ことです。

一つ目の観点は、当然の要請といえるでしょう。ただここで注意したいのは、**難易度がＡＩにとって実現可能なレベルで段階的に上がる形になっているか**です。

レベル5	**○完全自動運転** 常にシステムが運転を実施
レベル4	**○特定条件下における完全自動運転** 作動継続が困難な場合もシステムが対応
レベル3	**○特定条件下における自動運転** 作動継続が困難な場合はシステムがドライバーに通知し、ドライバーが対応することが必要
レベル2	**○高度な運転支援** システムが前後及び左右の車両制御を実施 ・遅い車をウィンカー等操作して自動で追い越す
レベル1	**○運転支援** システムが前後・左右いずれかの車両制御を実施 ・車線からはみ出さない、前の車について走る

特定条件下とは…場所（高速道路のみ等）、天候、速度など、システムで自動運転が可能と定められた条件下のこと

図11●自動運転車の定義（[54]をもとに作成）

自動運転AIに必要とされることは多種多様です。車線からはみ出さないようにハンドル操作する、前との間隔が狭くなりすぎないようにアクセルやブレーキで調整するといった基本的な部分だけでなく、信号や標識を確認して交通法規に合わせた運転をする、工事や事故といった突発的な事象に対して適切に対応する、緊急車両が近づいてきたら道を開ける、横断歩道で渡ろうとしている人がいたら停止する、などなど、挙げたらきりがありません。

人間はこうした多くのことを一人でこなせるのですが、AIにとってそれは簡単なことではありません。「特性⑥：複数の課題を同時に扱うのは苦手」があるため、**より多くの課題をこなせるように**

すればするほど、コストが大きくかさみ、実現の難易度が上がることになるからです。

自動運転の段階設定は、こうしたＡＩの特性を踏まえた切り分け方になっています。レベル１では「車線を守る」「前の車について走る」といった、前後、もしくは左右だけ注意すればよいという、非常に限定的な課題を対象としています。レベル２になると「自動追い越し」のように、現在の車線という前後の情報だけでなく、追い越し車線といった左右の状況も併せて適切に確認しなければならないという、ＡＩにとってより複雑な課題となっています。

さらにレベル３では、運転支援ではなくＡＩが主体となって運転するという形に格上げされ、難易度が大きく上がっています。ただし、その適用は「特定条件下」に限定されています。この「特定条件下」に明確な指定はないのですが、高速道路などがよく条件として使われます。

高速道路に限った自動運転が導入されるのは、**ＡＩにとって非常に課題をこなしやすい環境**だからです。しかし人間からすると、課題をこなしやすいとはとても思えないでしょう。高速道路は車両の速度が速いため、事故が起きた場合は大惨事になる可能性があります。運転ができる人でも、高速道路では運転したくない、と考える人は多いでしょう。

たしかにそうした面もあるのですが、それ以上にＡＩにとっては扱いやすい条件がそろっているのです。まず、高速道路は基本的に車両しか往来せず、自転車や歩行者がいません。つまり、人間が飛び出してくるといった可能性をほぼ考慮しなくていいのです。

車は免許制である以上、基本的に交通法規を守ってくれますが、自転車や歩行者は守らないこともしばしばあります。自転車や歩行者がとる予想外な行動に悩まされないことは、**対処すべき課題の範囲を大きく絞りこめるため、AIにとって非常に扱いやすい環境**なのです。

また、基本的に中央分離帯があるので対向車の存在を考える必要もなくなります。信号もありませんし、右折をすることもされることもありません。こういった点からも考えるべき観点が絞られるので、低コストで実現しやすくなります。

また、高速道路に限定すれば、**突発的な問題にも対処しやすくなります。**たとえば事故が起きたとか、何らかの事情で迂回を余儀なくされたとか、あるいは工事が始まって交通が制限されてしまった、などのように、道路にはいろいろな変化が生じえます。こうした点まで十全な対応をしようとすると、AIにとってかなりの負担になります。

一方で高速道路は、そもそも一般道よりも数が圧倒的に少ないため、道路の状況や地理的状況といった細かな情報をあらかじめ収集して、傾向や対策についてAIに教えておくことができます。さらに、事故の発生や、路面の悪化といった情報も一般道より精緻に把握・共有できます。よって、事前に対処を検討しやすく、その場その場での急な判断を避けやすいのです。

一見するとレベル2からレベル3へのステップで大きく難易度が上がっているように見えるのですが、**AIに有利な条件へと強く限定することで、実態としての難易度は下がり実現しやすい段階設定になっている**のです。

日本では、すでにホンダがこのレベル3の車両を実現しています[55]。ただし、自動運転できる条件として「中央分離帯がある」「サービスエリア等ではない」「急カーブではない」「渋滞に近い状況で時速50km以下にて走行している」といった条件が付けられています[56]。さらに、高精度の全球測位衛星システムを用いて衛星から車両位置を正確に把握しつつ、高精度三次元地図を使って道路の空間情報を正しく把握できていることなども条件としていて、**あらゆる角度からさまざまな情報が得られることを前提に実現**されているのです。こうした活用範囲の限定をすることで、AIのコストを抑えつつ安全に運転できるようにしているわけです。

適切な段階を踏むうえで注意するポイントの二つ目、「初期段階でAI開発に投じるコストに見合う収益効果が期待できる」についても見てみましょう。最近、運転支援機能としてAIが搭載された車が広く販売されてきているのは、皆さんもご存じでしょう。特に自動ブレーキ機能については、レベル1の機能でありながら、高齢者の運転事故問題が取りざたされるに伴って注目度が高まっています。言い換えれば、レベル1という**最初のステップの段階で十分な収益効果が見込める**のです。

特に自動ブレーキは収益性を得やすい性質を持っています。一般的な支援サービスでは、本当にお金を払うだけの価値があるのかという点がシビアに見られがちです。一方で自動ブレーキは、**事故を未然に防ぐ保険としての意味合いが強い**ので、まさかの事態に対応するための投資、という観点で価値が測られます。事故が発生すれば強烈なマイナスですので、それを防ぐための投資と考えれば、安い買い物であると判断されやすいわけです。以上のことからわかるように、自動運転の段階設定は「活用範囲の限定」という点でとても優れているのです。

では、次に二つ目のポイント「失敗への対応方針」について見てみましょう。AIは、人間には理解できない間違いを犯す可能性があり、そこにどう対処するかが悩ましい問題となっていました。現在販売されている自動ブレーキ搭載車も、人間や車と絶対にぶつからないという保証などありません。実際に、自動ブレーキ搭載車へ試乗した客にブレーキを踏まないように指示したところ、追突事故を起こしたという事例もあります[57]。

ではそうした問題をどう回避しているのでしょうか？　失敗をカバーする方法は大別すると、「間違いを常に人間がチェックする」もしくは「間違いを許容してもらう」という二種類でした。自動運転の場合は人命が絡む以上、当然ながら後者は選択できないので、前者の方法をとっています。

たとえばレベル1や2では、あくまでAIは人間のサポートであり、運転の主体は人間とされています。よって、AIが犯すミスは運転者がしっかりとカバーすることを義務付けることで、問題が生じない体制となっているのです。「ブレーキを踏まないようにする」といったことはしてはならないわけです。

さらに上のレベル3は、特定条件下という制限はありつつもAIが運転を完全に任されています。しかし、自動運転の継続が困難になった際は、その旨を運転者に通知して運転者が適切に対応することが前提となっています。つまり、**最終的な部分は人間が受け持つ形となっている**のです。

実際にレベル3を実現したホンダの自動車では、ハンドルから手を離せる（ハンズオフ）だけでなく、多少視線を前方から外す（アイズオフ）ことも可能です。しかしそれは、AIが安全に運転しやすい状況下だけでの話であり、その状況から外れたら即座に運転者に通知し、運転を交代してもらう形となっています。これによって、AIが犯す間違いのリスクをカバーしているのです。

続いて三つ目のポイント「人間との連携方法」について見てみましょう。レベル2ではハンドルから手を放すことができるため、AIにお任せできると利用者に錯覚されそうですが、最終的な判断は運転者に委ねられている以上、利用者には適正に管理してもらう必要があります。そうしたことはマニュアルにも書いてありますが、それだけでは適切な「人間との連携方法」とはいえません。だからこそ、「ブレーキを踏まないように指示する」なんて過ちが生じてしまうのです。

そこで、ある車種では赤外線カメラで運転者の視線を管理し、運転者が前方から視線を外した際に警告を出すようになっています[58]。こうして「あくまでAIは人間の補助的な役割である」と運転者に自然に意識してもらえるように仕向けることで、運転者が管理を怠って重大な事故につながるリスクを防いでいるのです。

レベル3ではさらに自動運転感が増し、多少視線を外すこともできるようになります。よって、状況によってはすぐに運転を代わらなければならないことを、利用者により強く意識しておいてもらう必要があります。

そこで、ホンダのレベル3自動運転車では、運転者が真横を向いたり、手に持ったスマホ画面を注視したりして運転から意識がそれた際は、自動運転モードをキャンセルし、運転者を運転へと引き戻す仕様になっています。また、手動運転への切り替え時には、警告音だけでなくシートベルトを引っ張るなどして運転者にアピールし、それでも交代しない場合はハザードランプやホーンで周囲に注意喚起をしながら減速や停車を行います[59]。

利用者にあらかじめ注意事項を伝えるのは当然のことですが、それだけでAIとの連携がうまくいくとは限りません。注意事項を事前にすべて把握してくれるとは限らないからです。そのため、**特に利用者が意識しなくても正しく連携を実現できる方法までシステム的に組み込んでおく**ことで、利用者が必然的にAIと連携できるようにし、連携のミスによる問題発生を未然に防いでいるわけです。

もちろん、こうしたシステム体制に対し利用者から不満が出る可能性もあります。そのため、ホンダではレベル3自動運転車を百台限定のリース販売とし、さまざまなフィードバックを得たうえで今後の方針検討を深めるとしています。価値あるAIを作るためには、このように**AIとの連携方法を十分に検討・整備しながら進めていくことが大切**なのです。

最後のポイントは「学習データの収集方針」についてです。自動運転はドライブレコーダ等の記録装置を搭載していれば、運転しているだけでさまざまな学習データを集めることができます。

そのため、いかにして早い段階から実用化するかが、データを多く集められるかを大きく左右します。自動運転ではレベル1や2から実運用できる形にすることで、データ収集の問題へと対応しているわけです。

ただ、「どの物体がどこにあるか？」「どの物体が車体に接触する可能性があるか？」などといった正解情報も合わせて蓄積できなければ、教師あり学習での学習データとして使うことはできません。正解を人力で一つ一つ付けるのは多大な手間がかかるので、ここをいかに効率的に処理するかは悩ましい問題といえます。

最近では、正解を付ける作業を補助するAIを別途作る、といった動きも盛んになっているほどです[60]。このことからもわかるように、**どれだけ学習データを保有しているかが、AI開発の優位性を左右する**のです。

ホンダはすでに交通混雑地帯でのレベル4の実証実験にも着手しています[61]。さらに東京都心部での自動運転サービス提供開始を見据えた準備も進めています[62]。実用化はまだ先だとしても、リアルに近いデータをいち早く集めていくことが、優れたAIの早期実現につながるからです。

さらに海外では、グーグル傘下のウェイモが世界に先駆けて完全無人の自動運転配車サービスを開始し[63]、中国でもIT大手の百度（Baidu）が、完全無人運転タクシーの試験営業を開始しています[64]。ただし、ウェイモは初期段階では緊急時対応のためのドライバーを同乗させていて、その運行が安定しているのを確認してから順次無人化へと切り替える方針をとっています。また百度（Baidu）の無人タクシーもリアルタイムで遠隔監視されており、緊急時は遠隔操作できるようにして、予期せぬ失敗の発生に対応できる体制を整備しています。

完全な自動運転はいまだ夢の技術です。さまざまな検討が進められており、実用化へ向けて着々と進んではいますが、人命が絡むというリスクがある以上、なかなか一足飛びには実現できないものです。だからといって、実用化をあきらめてしまうようでは技術が進歩しません。少しずつでも形にして、より多くのデータを集めていくことがAIの進化には不可欠です。そのためには、**いかにして適切に段階を設定して、それぞれの段階で収益を上げながら着実にデータを蓄積していくか**が求められます。

自動運転では、そうした段階的な方針設計がしっかりとなされていたことが、今日の技術レベルを実現することにつながっているのです。壮大な目標へと向かう際には、自動運転の例を参考にして考えてみることをお勧めします。

自律行動型ロボットAI

AIと聞いて一般的に思い浮かべるのは、人間のように自分で判断して動き働くことができる、いわゆる自律行動型のロボットでしょう。これは、ロボットという体の中にAIを搭載することで実現されており、ロボットとAIとの複合技術ともいえます。一般的なイメージとして定着するほど理想的な存在である以上、当然ながらその実現難易度は高く、自動運転と同様に段階的な開発が必須となります。

「特性⑥：複数の課題を同時に扱うのは苦手」がある以上、扱う課題が多ければ多いほどAIの構築難度は飛躍的に高くなります。よって、特に最初のうちは限定的な作業をこなせるだけ、という形に「活用範囲の限定」をして性能を高めるのが一般的です。

たとえばソフトバンクが開発したペッパー[65]は、言葉のやり取りに特化していて、家事などの作業は基本的にできません。逆にお掃除ロボットは基本的に掃除ができるだけで、会話ができるとしても非常に限定的です。

しかし、範囲を限定してもなお、自律行動型ロボットの実現は難易度が高くなりがちです。**一つの課題といえども完全に任せるためには、どうしても必要な機能が多くなってしまう**からです。

身近なロボットの代表格である自動お掃除ロボットを例にとっていえば、自分で移動して掃除できるのはもちろんのこと、部屋全体の構成や、まだ掃除していない場所について把握すること、掃除していない場所へ移動して掃除をすること、移動する道中に置かれている物体をうまく避けて倒したりしないこと、軽い段差なら乗り越えて移動し、階段などの大きな段差には近づかないこと、袋小路に入って動けなくならないようにすること、充電が切れないうちに充電器の位置へ戻ること、といったように、こなすべき課題は多岐にわたります。

これらの点に最初からすべて対応することはコスト面からいって非常に困難です。そのため、自律行動型ロボットにおいても**初期段階で対応する範囲をどう絞るかが重要**になります。たとえば、小さな段差の有無を検知して乗り越えることはあきらめて、段差のない範囲でだけ掃除できるという建付けにし、あとは利用者側で効率的な使い方を考えてもらう、とするのです。

自動お掃除ロボットのルンバも、2002年に登場した当初はそこまで高機能ではありませんでした。たとえば、掃除させたい部屋の大きさは「S」「M」「L」の中からボタンで選んで動作させる、という仕様になっていました[66]。現在のルンバは部屋の構造や大きさを自分で把握して対応していますが、最初はそうした点を利用者に設定してもらうことで、AI側の負担を下げていたのです。もちろんこれは、多少の使い勝手の悪さを差し引いても、**自動で掃除できるというメリットへのニーズが、販売や開発を続けるうえで十分なレベルで存在する**、と判断されたからだと考えられます。

さらに、当初のルンバは効率的に部屋を掃除しようとは考えない設計になっていました。そもそも初期のルンバは、さまざまな環境下で確実に地面を隈なく精査して地雷を除去する、地雷探査ロボットAIの考え方を応用して作られていました[67]。よって、どんな環境下でも隈なく掃除できることを優先する方針となっているため、作業効率の観点は無視しており、同じ場所を何度も無駄に掃除することは日常茶飯事でした。しかしこうすることで、**掃除していない場所を把握するという課題にコストを割くことなく、隈なく掃除することを可能にした**のです。

2015年以降に効率を重視した新しい方式へと変わりましたが、その際も高性能なセンサーをつけて高コスト化するのではなく、多少のムラはあっても低コストで掃除を効率よく行う方向に活用範囲を絞ることで、費用対効果を高めています。

こうした費用対効果を高める工夫は、ＡＩの設計だけで対応しなければいけないわけではありません。たとえばルンバは、ロボットの形状を円形にして方向転換しやすくすることで、袋小路にはまって抜け出せなくなったり、引っかかって身動きが取れなくなったりすることを回避しています。費用対効果の高い自律行動型ロボットを実現するためには、「落とし穴④　ＡＩでなくてもいいことまでやらせてしまう」ことを避けて、**他の方法で回避できないかも合わせて考えることが重要**です。

ＡＩは人間を模倣した存在ではありますが、人間に無理に合わせる必要はありません。**ＡＩが得意な形状の方が費用対効果を上げられるなら、形状を変えてしまった方がいい**のです。たとえば二足歩行ロボットは、近年その発達が目覚ましく、人型ロボット「アトラス」は歩くことはもちろん、走ったり飛び跳ねたり宙返りしたりすることができます[68]。そんなロボットでも、行動時の多くはＱＲ２で参照した動画からも分かるように、ひざを曲げた中腰の姿勢をとっています。これはＡＩにとって、足を延ばしつつ歩行をすることは、ひざを曲げながら行うよりはるかに難しいためです。

人間からすれば難しく感じないことでも、ＡＩには難しいということは多々あります。そもそもＡＩと人間は異なる存在なのですから、人間と同じ、ということにこだわるべきではありません。ＡＩに合わせた設計にすることでコストを抑える、という考え方も有効な選択肢なのです。

では二つ目のポイント「失敗への対応方針」について触れていきましょう。その対処方法には「間違いを常に人間がチェックする」もしくは「間違いを許容してもらう」があるとお話ししました。大きなリスクを伴いにくい自律行動型ロボットの場合、前者の方法はコスト面の問題が生じやすくなるためあまり選択されません。そもそも自律行動型ロボットを導入する大きな利点は、本来働くはずだった人の人件費を圧縮できる、という点です。ロボットの間違いを人間が事前にチェックしているようではコスト削減が難しくなり、導入価値が生まれにくくなってしまいます。よって、基本としては「間違いを許容してもらう」形になります。ただその際、**可能な限りＡＩの利用者に間違いをチェックしてもらう、という考え方をする**ことが重要になります。これは三つ目のポイント「人間との連携方法」ともつながってきます。

たとえば最近広く家庭に普及しつつあるお掃除ロボットでも、うまく掃除ができていないところがあったり、なにか物を倒してしまったりすることもありえるのですが、その際は利用者の側で対応してもらう形となっています。こうすることで、ＡＩ提供側のコストを大きく減らすこと

QR2　アトラスのデモ動画（日本経済新聞）
https://www.youtube.com/watch?v=71Wyl4VyGSM

ができるわけです。

こうしたサービス提供方式でコストダウンを図るのは、何もＡＩに限った話ではありません。たとえば飲食店のセルフサービスも、食器の運搬や水の補給などを利用者側にお願いすることで、人件費を削減しています。つまり、利用者の協力を得てコストを下げる代わりに、費用対効果の高いサービスを提供しているのです。ＡＩの場合は特にコストが高くなりやすいので、利用者の協力を得るサービス形態をいかに利用者側に納得してもらい、**利用者がＡＩに寄り添う形での運用体制を受け入れてもらえるかがポイント**となります。

たとえば最近活躍の場を広げているＡＩスピーカーや接客ロボットのような対話ができるロボットも、うまく会話が理解できず正しい反応ができないケースがまだまだあります。その際に、利用者側がＡＩに寄り添った理解しやすい話し方に変えてくれるだけで、質の高い対応が実現できるようになります。日本語が不得意な人に対して、シンプルな日本語で問いかけるのと同じように、人間の言葉を十全には理解できないＡＩに対し、理解しやすい問いかけ方をしてもらえるようなＡＩ設計を考える方が近道だったりするのです。

ＡＩは人間を模倣して作られているだけで、本質的には人間と異なる点が多々あります。したがって現状では、人間と同じレベルで仕事をこなすことは難しく、どうしても不得手な点が存在します。その不足にＡＩ提供側がすべて対応するのはコスト的な面からいって困難です。

そのため、特に難易度の高い自律行動型ロボットのような類のＡＩでは、周りの人間から配慮を得られるように運用を工夫していくことが求められます。いかにして、**周囲から自然と協力してもらえるような関係性を築けるかが、難易度の高いAIの実現における鍵**となってくるでしょう。

最後に「学習データの収集方針」について見てみましょう。ロボットは実世界で動かすことが基本となるため、実世界でのデータを収集することが必要です。仮想空間でならいろいろな状況を簡単に作り出せますが、実世界ではそうはいきません。またロボット自体も決して安価ではないため、数多くのデータを集められるかは、サービスを収益化して広く利用者を確保できるかにかかっています。つまり、早い段階から費用対効果を確保しつつ、サービスとして形にすることが一番の近道なのです。

ルンバも初期段階では大した性能ではなく、うまく動けなくなって掃除できないこともしばしばありました。それでも少しずつ収益を上げながらフィードバックを得て、今の性能へと至っているのです。

また、自動運転と同様に、学習データに正解を付けるのが大変、という問題点ももちろんあります。そもそも解決しようとしている課題自体が難しい以上、その正解の付け方も簡単ではありません。たとえば、うまく掃除できなかった場合に、どうすれば良かったのかは人によっても答えが違うでしょう。正解の付け方の難しさは難易度の高いAIでは常に付きまとう問題であり、そこをいかに解決するかがサービスの差別化にもつながります。

この解決には、**いかにして課題を効率的に分解し、段階的にＡＩを構築していくかが重要**になります。いきなり「うまく掃除できるようにする」といった大きな課題を掲げると、その正解を決めることが難しくなります。しかし、「掃除できていない個所を見つける」「目的の場所へ滞りなく到達する」といった小さな課題に分割していけば、その正解は定めやすくなります。自動運転ＡＩや自律行動型ロボットは扱う課題がどうしても壮大になりやすいため、こうした適切な課題の分割方法を常に考えることが成功の鍵となるでしょう。

コラム

目的と手段がすり替わらないようにするためには？

作ろうとしているＡＩが壮大な計画となっている場合、いかにして段階的な目標へと分けるかが重要である、という話をしました。この際、一つ気を付けるべき点があります。それは、目的と手段が入れ替わらないようにすることです。当初目的として掲げていたことが忘れ去られて、手段がいつの間にか目的にすり替わってしまう、こうしたことはビジネスにおいてよく生じます。

これはＡＩに限った話ではないのですが、ＡＩの導入では特に生じやすくなります。そしてそこには、**目的と手段の入れ替わりは、目指す目的が壮大であればあるほど生じやすい**ためです。

目的が「理想」、手段が「現実」と強く関係していることが影響しています。

目的は、その実現に大きな壁があるため、多かれ少なかれ理想論が含まれます。一方で手段は、目的を実現させるための現実的な方法論であるため、実現可能なものでなくては意味がありません。

目的として掲げた話があまりに壮大な場合、より現実的で限定的な「目標」をいくつか立てて、段階的な道筋をつける必要があります。しかし、その「目標」は実現性が高くないと立てる意味がないため、より現実的な方法論、つまり、手段の方に似やすくなってしまうのです。

こうして新たに掲げられた「目標」が、プロジェクトが目指す当面の「目的」として扱われるわけですが、プロジェクトが長く続いていると、この「目標」が本来目指すべき理想とは違う、という点が忘れ去られやすくなります。すると、当初描いていた理想が、現実的な手段に毒された「目標」にとって代わられてしまう、つまり目的が手段へと入れ替わりやすくなるわけです。

こうした事態に陥らないようにするには、あくまで**掲げた「目標」は段階的なものだと明確化し、目指す理想とは完全に切り分けて示すこと**です。自動運転AIでは、レベル5として究極の理想形である完全自動運転を掲げ、それよりもっと現実的な目標（特定条件下での完全自動運転など）をレベル4やそれ以下へと段階的に設定することで、理想（目的）と現実（手段）とを混ぜないようにしているわけです。

実際のところ、レベル5はきわめて壮大な理想論です。道路上で起こるあらゆる事態に対応する完全自動運転というのは、相当な難易度です。信号の動作不良時での対応、人間による手信号での誘導への対応、手書きの交通指示への対応などなど、通常では生じない稀なケースは挙げればきりがありません。こうした想定外の事態や道路上で起こるさまざまな変化について、AIは自分で勝手に対処してはくれないので、人間が正解を一つ一つ与えなくてはなりません。実際のところ、レベル4が達成できても、レベル5は実現の糸口すら見えないのでは、と考えている人もいるくらいなのです。

しかし、だからといってその理想を忘れてしまうと、レベル4以下で生み出されるさまざまな技術が、目指すべき理想であるレベル5を見据えたものにならなくなってしまいます。**掲げる理想が低くなれば、生み出される技術もまた低くなってしまう**でしょう。理想は理想として掲げ続けるべきなのです。

画像系AI

ここからは、もっとシンプルなAIについて解説していきます。自動運転や自律行動型ロボットといった高度なAIはコストがどうしてもかかりやすいので、ビジネスでは一つの課題へと絞ったシンプルなAIの方が多くサービス化されています。

その中でも画像系のAIは、ほかのAIに比べていろいろなサービスが誕生している分野です。その理由として、**ディープラーニングの誕生によって得られた学習成果の多くが、誰でも利用できる形で広く世間に提供されている**点が挙げられます。新たにサービスを考える際でも一からすべて作る必要はなく、高性能なAIをたたき台にして作ることができるのです。最近ではいろいろな分野でこうした高性能なAIが提供されていますが、画像系は特にその恩恵が大きい分野といえます。

画像系AIは活用されている範囲が広いこともあり、さまざまな分け方があるのですが、本節では画像診断AI、画像判別AI、文字認識AI、その他という本書独自の区分で分けて、解説していきます。

画像診断AI

ディープラーニングの誕生によって、特に大きく性能向上がもたらされたのが画像認識です。これは、画像に映った物体の情報を捉えるAIであり、先に挙げた自動運転AIでも、搭載したカメラの画像から自動車や車線の位置を認識するために使われています。

画像認識の中でも特に最近活用されてきているのが画像診断です。画像の中から異常な個所やその程度を測るAIであり、主にリスクを未然に防ぐ役割を担っています。早い段階で異常が発

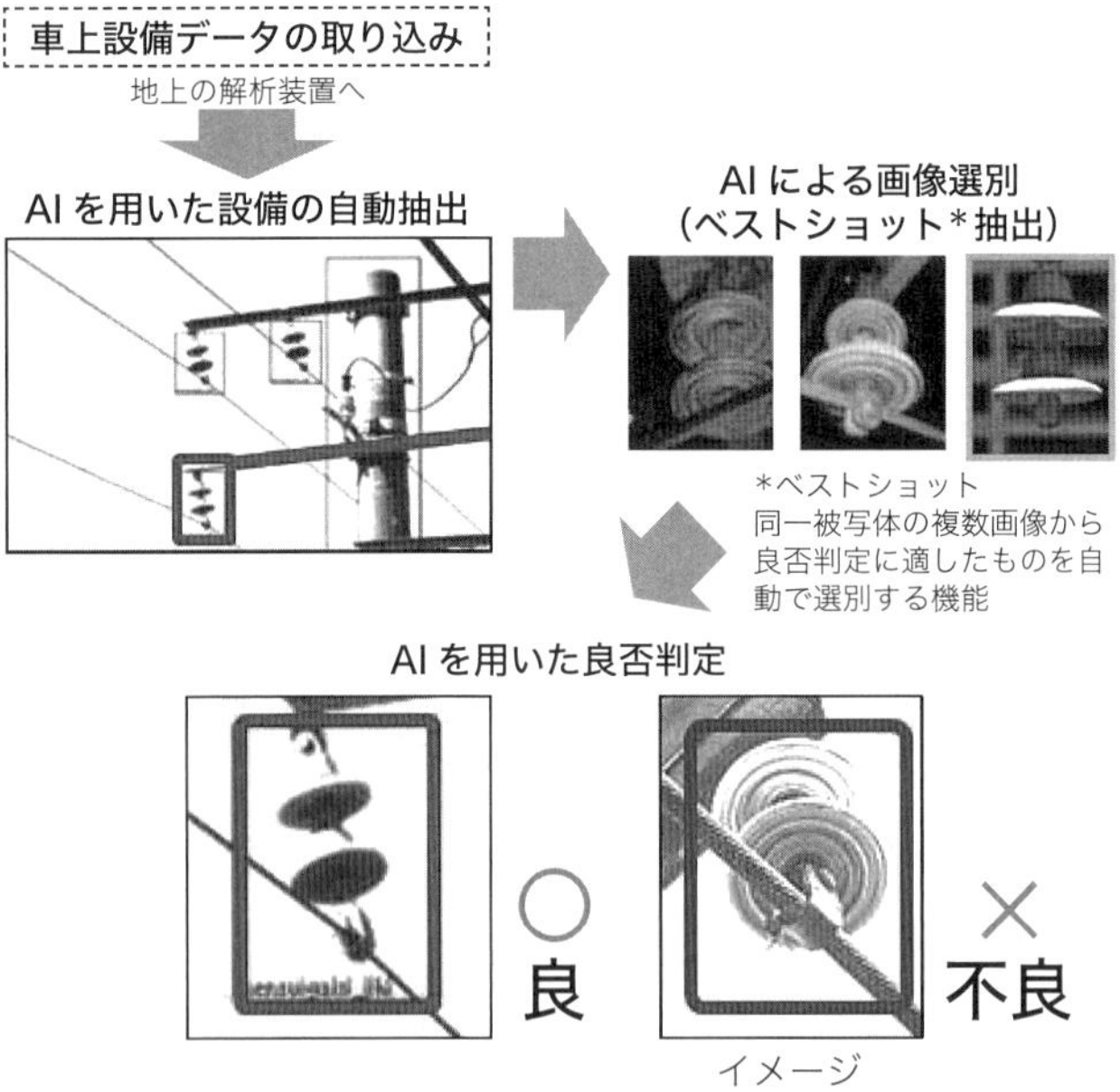

図12●設備の自動良否判定AI（提供：JR西日本［69］）

見できれば大事故の発生を防止できるため、収益性の観点からいってもサービス化するだけの十分なニーズがあります。

たとえば、JR西日本では、電車の車上より撮影した画像から、電柱や信号機といった電気設備を診断するAIの開発を進めています（図12、[69]）。この他にも、住宅の外壁にできた亀裂やひび割れの画像から、熟練者並みの精度で亀裂の幅を計測するAI[70]や、ドローンで赤外線撮影されたビルの外壁画像からタイルの劣化を診断するAI[71]などがあります。

こうしたAIは、先に挙げた

自動運転のケースと比べれば、壮大な計画ではありません。むしろ**活用しなければならない情報の範囲を絞った現実的な形**といえます。多くの場合、入力として画像情報しか扱わず、最終的に判断する内容も異常の有無やその度合だけに限定しています。このように、ＡＩが活かしやすい範囲に「活用範囲の限定」をすることで、収益性のよいＡＩを実現しているのです。

しかし、どれだけ高性能でも完全に信頼できるわけではありません。よって、二つ目のポイントである「失敗への対応方針」も考えておく必要があります。大別すると「間違いを常に人間がチェックする」「間違いを許容してもらう」という二種類があったわけですが、画像診断ではどうしているのでしょうか？

実際のところは提供するサービス次第で変わるのですが、画像診断では「間違いを許容してもらう」ことが多いです。たいていの画像診断は一次的な検査という位置づけとなっていて、**発見された異常への具体的な対処を行うのは人間の仕事であることから、最終的な判断も人間が行うことが多い**ためです。よって、ＡＩの診断が誤っていて、正常な部分を異常と判断してしまっても、必要のない確認作業を行うコストが生じるだけで、大きな問題発生にはつながりにくいのです。ただこの場合、最終的には人間のチェックがなされているため、「間違いを常に人間がチェックする」という性質を併せ持っているともいえます。

一方で、純粋に「間違いを許容してもらう」場合もあります。たとえば、農家へ優良な蚕を提供するために実施する孵《ふ》化状況調査において、正常に孵化している卵の割合（孵化率）を判定するＡＩがあります[72]。このＡＩの目的はあくまで、良好な飼育成果が得られている飼育区画を見つけることなので、精緻な判定が要求されるわけではありません。こうしたケースでは「間違いを許容してもらう」ことで人的コストを大幅に削減する方が費用対効果を高められます。実際にこのＡＩを使うことで、調査員10人、計60時間をかけて行っていた調査が、１人が計６時間未満の作業をするだけで実施できるようになっています[73]。

これとは逆に、必ず人間による診断を組み合わせるケースもあります。この方法は、間違いが許されない類のサービスで主に用いられます。画像診断ＡＩのケースでいえば、ＣＴやＸ線画像などといった医療画像から、病気の有無を診断する例が挙げられます。医師が見れば一目で分かる病気を、ＡＩが犯した間違いのせいで見逃す、なんてことは許されません。したがってこうしたケースでは、医師が必ず確認することを前提にサービスを運用するのが一般的です。

ただしこの運用方法では、人間側の手間を大きく減らすことはできないため、いかに価値を生み出せるかがポイントとなります。医療画像の診断でいえば、大きく二つの価値が考えられます。

一つは**別観点での診断結果の獲得**です。医師といえども人間です。見落としや判断誤りをする可能性は否定できません。これをカバーするためには複数の医師の意見を聞いて、総合的に判断する必要があります。近年では、別の病院でも受診して診断結果を聞く、セカンドオピニオンの考え方が浸透してきています。一部の保険商品などでは、セカンドオピニオンを気軽に提供してくれるサービスが付帯しているほどです。

AIによる診断は、いわば人間以外のセカンドオピニオンを提供しているともいえます。別の病院で診断してもらう代わりにAIに見てもらう、という運用にするわけです。こうすることで、手間なくかつ素早くセカンドオピニオンを得られるという価値が生まれます。

二つ目の価値として、**医師よりも高精度な診断を得られる**点が挙げられます。実際、最近の研究ではAIが非常に高い精度で病気を見つけられる、という報告が多くなされています。たとえば、脳のスライスCT画像から脳出血を検出するAIは、医師が画像をじっくり見て診断するレベルの精度にまで到達しており、このAIによって医師の診断時間を8割削減できるようになっています[74]。

人間には理解できないミスをする可能性は否定できないのですが、平均的に見れば人間よりも高い精度でAIは診断できるのです。他にも、北京で行われた脳腫瘍を診断するコンテストでは、ベテラン医師が66％の精度で診断したのに対し、AIは87％の精度を実現したことが報告されています[75]。

これは、AIが持っている**「特性⑧：人間には扱えない情報も活用できる」が活かされているため**です。自動運転などでは、人間が普段よく目にする光景を扱っていました。車を運転している際に見える光景の中から、車や信号、車線といった、人間が日々の生活の中で捉えている情報を見つけていたわけです。

こうした「実世界でよく目にする物体を見分ける」というのは人類が長い歴史の中で常に行っ

てきたことです。一方で、ＣＴやＭＲＩ、レントゲン画像といったものは、人類の長い歴史の中でもごく最近誕生したものです。つまり、人間が長い歴史の中で慣れ親しんだものではないため、人間の目自体がこれらの画像を読み解くことに向いていない可能性が高いのです。

医師を目指す人は、画像から病気を診断する読影という技術を訓練によって身につけていきますが、読影の習得には数か月から一年はかかる[76]ともいわれており、決して簡単なことではありません。こうした状況であれば、ＡＩが人間よりも優れた性能を出せる可能性は高いのです。

さらに加えて、医師が診断できないほどの早期段階で病気を発見できるなら、医療の質の向上や、医療費の削減にもつながるため、公的な開発費支援も得られやすくなるでしょう。患者側も、健康的に暮らすための投資と考えれば、多少高い利用料でも受け入れやすいと考えられます。以上のことから、医療画像の診断は人間によるダブルチェックを必須にしたとしてもメリットが大きく、コストを投じるだけの価値が十分に見込めるのです。

ただし、このサービスを運用する際には、**医師とＡＩの意見が食い違った場合にどうするか**という点を考えておかなくてはなりません。つまり、三つ目のポイント「人間との連携方法」の観点です。仮に医師が異常なしと診断し、ＡＩが異常ありと診断した際に、医師が自身の判断を信じて安易に「異常なし」と結論付けてしまうようでは、せっかくのＡＩの診断が活かせなくなります。

そのため、ＡＩと医師の診断が異なる際は、さらに他の医師に意見を求めたり、経過観察を十分に行って確認したりする、といった運用の仕方についても併せて示すようにするとよいでしょう。

特に、**AIとの付き合い方を医師に理解してもらうことはとても重要な観点**です。いまだなお、AIに仕事を奪われるといった煽り文句は世の中にあふれており、医師がAIを敵視する可能性は否定できません。AIの性能が医師を超えている、という状況であればなおさらです。

そんな中でも、AIに敗北したコンテストに参加していた医師の一人は、「**AIは脅威ではなく『友人』**であって、医師の負荷軽減だけでなく、技術向上にも活かせる存在だ」と語っています[75]。AIに対するこうした正しい理解や付き合い方を明示せずとも自然と育めるような運用体制を作ることが、より価値の高いサービスを実現させる鍵となるでしょう。

最後の「学習データの収集方針」については、やはりどうやって学習データを集めていくのかが大きな課題となります。ドイツの自動車メーカーであるアウディは、プレス工場での品質検査にAIを導入していますが、その際には数百万枚もの画像を集めて数か月かけてAIを構築しています[77]。しかし、多くの学習データを集めてAIを作ろうとすると、どうしてもコストがかかります。

一方で、初期段階で実現する性能を下げてもよいのであれば、必要となる学習データ量は少なくて済みます。つまり、**性能を高めることにこだわらなければ低コストで始めることもできる**のです。実際、先ほど触れた蚕の孵化率を調査するAIでは、わずか100枚の画像でAIを構築しています[73]。

人間の補助としてＡＩを位置づけ、最終的な判断は人間が行う形であれば、性能が多少低くても大きな問題は生じません。そうして運用を進める中で学習データを蓄積して性能向上へとつなげていくことも、最終的に性能の高いＡＩへとたどり着くための有力な手段なのです。

カメラ映像監視ＡＩ

最近の情報化社会の流れに伴い、いろいろな場所で監視カメラが設置されるようになってきました。監視カメラは存在するだけで犯罪の抑止効果が見込めます。ただ、理想的にはそこに映る不審な人物や行動を捉えたいところです。それで犯罪を未然に防ぎ、犯人逮捕が迅速になるなら価値は十分にあります。

しかし、24時間稼働し続ける監視カメラを常に人間が張り付いて確認することは、コスト面からみても現実的ではありません。こうした仕事は、疲れを知らないＡＩの方が効果的に運用できます。特にカメラ映像のように、**長期的かつ連続的に監視しなくてはならないケースはＡＩの導入効果が高い**分野です。

カメラの自動監視ＡＩでは、「不審な人物などを検知して報告する」ことに「活用範囲の限定」をするのが一般的です。その報告が正しかったか、以降の対処をどうするか、といったことはすべて人間側に任せることで、ＡＩの開発コストを抑えつつ性能を高められるからです。アフターフォローまで含めて対応できる方がもちろん理想的ですが、費やすコストが見合わなくなりがちなので「活用範囲の限定」をしているわけです。

二つ目のポイント「失敗への対応方針」については「間違いを許容してもらう」のが一般的です。カメラ監視は長期間にわたる作業となるため、何から何まで「間違いを常に人間がチェックする」のは現実的ではありません。その代わり、間違った判断をしても問題ない運用体制を敷くことが求められます。

どういった体制で対処するのかは、間違いの種類によって異なります。間違いの種類は大別して二つです。一つは**怪しい人を怪しくないと判断して見逃してしまうミス**、もう一つは**怪しくない人を怪しいと判断してしまうミス**です。前者は見逃し、後者は誤認と呼ぶことにしましょう。

見逃しについては、特段対処はしないのが基本となります。監視カメラに映る人物の数は膨大です。多少見逃しが生じたとしても、仕方のない話でしょう。そもそもAIは疲れを知らずに「特性⑦：超高速に処理ができる」を活かし、映像を隈なく探すことができます。よって、人間が行うよりもはるかに見逃す可能性は低いと考えられます。

一方で誤認の方については、**検知された怪しい人物を、人間にきちんと確認してもらう**形をとります。AIが怪しいと判断したからといって犯人呼ばわりしてしまうと、間違いであった場合に大問題となります。どんなに性能が高くても、人間には理解できない間違いを犯す可能性があることを忘れてはなりません。AIの特性を念頭に置いて、運用体制を考えるようにしましょう。

ＡＩが誤認した場合、実際には怪しくない人を人間がチェックしなければならないため、人間側の負担は増えます。しかし、カメラに映る人全員を人間がチェックすることに比べれば作業コストは大幅に減らせるので、収益的にも十分な効果が期待できます。

ただし、**ＡＩがなぜ怪しいと思ったかという理由を、人間には理解できない可能性が高い点には注意が必要**です。よって、その前提でどう「人間との連携方法」を構築するのかが重要になります。この点は、作り上げるサービスの使いやすさを分けるポイントともなってくるでしょう。

たとえば、単に怪しいか否かという情報だけでなく、どの行動が特に不審と判定されたかについても提示するなど、判断に使える情報を人間側が集めやすくする工夫をすることが考えられます。

ＡＩをフォローする人間側の負荷が大きいようでは、せっかく構築したＡＩが徐々に使われなくなってしまう恐れがあります。特に開発初期はＡＩの性能も低いことが多く、人間側の負担が大きくなりがちで、ＡＩ導入の早期失敗にもつながりやすいのです。そのため、**判断を補助する具体的な方法まで含めた、人間がフォローしやすいシステム設計を考えることが大切**です。

最後のポイント「学習データの収集方針」に関しては、**扱うデータが動画であることから、量自体は多く集まりやすい**性質があります。一方で、「見つけたい正解」をどう定めるかは難しい面があります。「不審者を見つけたい」と一言でいっても、「不審者」のイメージは人によっても異なるでしょう。ＡＩはそうしたあいまいな定義を理解してはくれません。よって、**見つけたい**

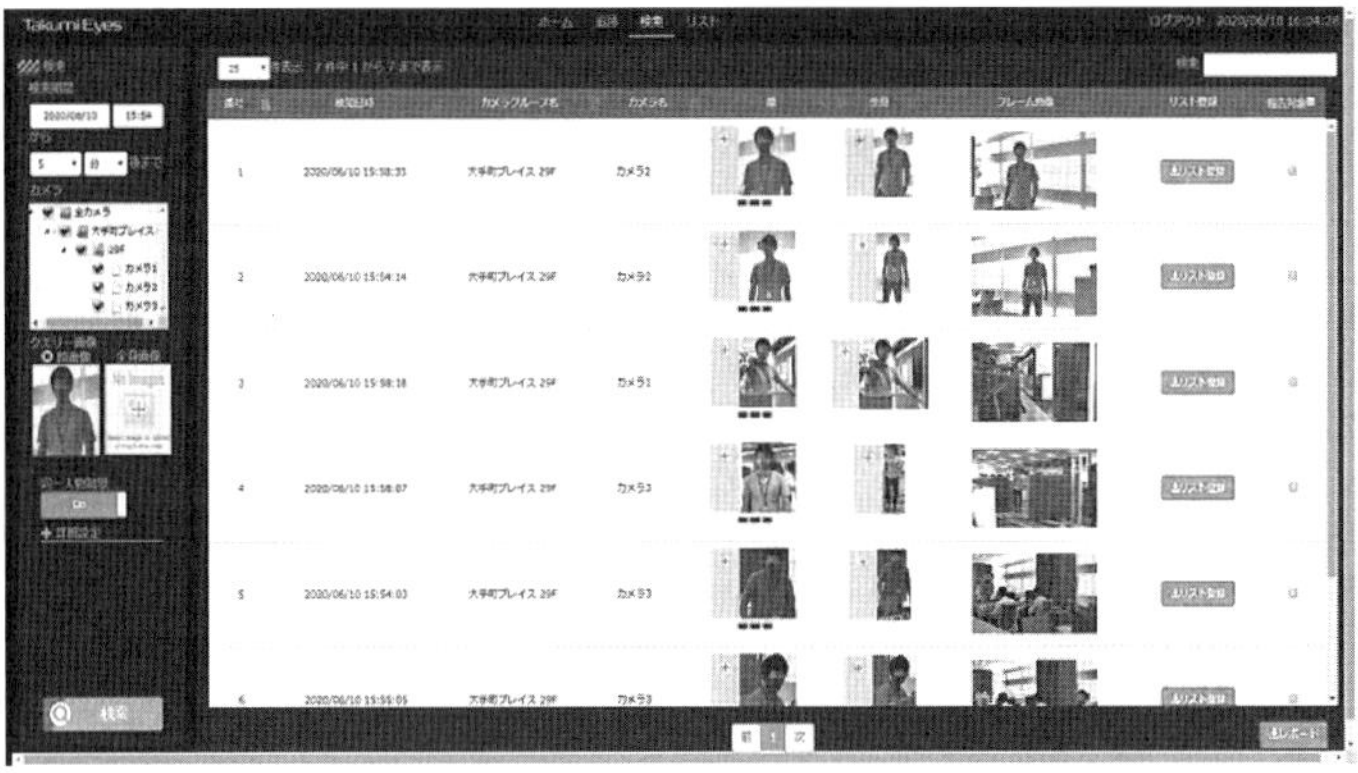

図13●COTOHA Takumi Eyes®（提供：NTTコミュニケーションズ［78］）

人物はどういう人なのかを、あらかじめ具体的に定義しておくことが求められます。

カメラ映像監視AIでの「見つけたい人物」の定め方は大別すると二つあります。一つは、不審者だとみなせる根拠がある人（要注意人物としてマークされている人、など）のデータベースを用意しておき、そこに登録されている人を「見つけたい人物」、つまり不審者だと判断する方法です。もう一つは、不審者に共通してみられる動作や表情、行動をしている人を「見つけたい人物」と設定する考え方です。

前者の例としてはNTTコミュニケーションズが開発した「COTOHA Takumi Eyes®」があります[78]。このAIは、探したい人物の画像を入力すると、監視カメラの映像の中から、その人物が映っている箇所を見つけ出してくれます（図13）。この方法の場合、AIが学ぶべき正解は「（不審者に限らず）探したい人物がどこに映っているか」となります。よって、不審者とはどんな人かをＡＩが学習するのではなく、探したい人と監視カメラに映る人が同じ人物かどうかを学習すればよいのです。つまり不審者の画像を大量に集める必要はないため、学習データが準備しやすく、ＡＩの実現難易度は比較的低くなります。

一方で、**実現難易度が低いということは、競合が生じやすいということ**でもあるため、「精度よく対象者を検知できる」などといった差別化が求められる点には注意しましょう。たとえば「ＣＯＴＯＨＡ Ｔａｋｕｍｉ Ｅｙｅｓ®」では、後ろ姿や、顔がはっきりと見えていない映像からでも、見つけ出せるようになっています。このように、いかにして他にはない価値を持たせるかが鍵となるでしょう。

もう一つの観点、『不審者に共通してみられる動作や表情、行動をしている人を「見つけたい人物」と設定する』ケースでは、「不審者に共通してみられる動作や表情、行動をしている人」の映像が数多く要ります。つまり、怪しい人物の映像データを多数収集しなくてはなりません。これは簡単に集められるものではないため、競合が存在しにくい分野となります。

たとえば、「ディフェンダーＸ」というＡＩは、ロシアの研究機関が収集した不審人物の映像およそ10万人分のデータを使って構築されています[79]。不審人物のデータを大量に保有しているからこそ、実現できたＡＩといえるでしょう。ＡＩをサービス化する際に、どういったデータを持っているかがＡＩの質を左右することはよくあります。そのため、新しいＡＩを考える際には、**今手元で持っている他では得られないデータは何か、という切り口から考えるのも一つの手**

です。

ちなみに「ディフェンダーX」では、「体の振動の変化」を解析して不審者を判断しています。人間は常に見えないほど微細に振動しているのですが、極度の緊張や不安などの精神状態になると振動の仕方に変化が生じるとのことで、それを捉えることで不審な人物を割り出しています。つまり、**「特性⑧：人間には扱えない情報も活用できる」を活用して、高い性能を実現している**のです。実際にソチオリンピックの競技会場でも使われており、一日当たり約2620人が検知され、そのうちの92％が、持ち込み禁止物所持などの理由から入場拒否すべき人だった、という高い精度を実現しています[80]。

ここまでの話は「不審者を発見する」ケースに絞っていましたが、「見つけたい人物」を変えれば正解が集めやすくなり、AIが作りやすいこともあります。たとえば、車載カメラで運転者の異変を検知して事故を防ぐAI[81]や、店内で購入を迷っている顧客を見つけて接客を効率化するAI[82]などが挙げられます。

前者のAIでは「(睡魔などで)運転継続が危ぶまれる人物」、後者は「購入を迷っている人物」が「見つけたい人物」、つまり正解となっています。どちらも「不審者」よりは学習データを数多く用意しやすいでしょう。AIを作るには**「正解を新しく集めやすいデータはどれか」という観点でAIの活用範囲を考えるのも一つの選択肢**といえるでしょう。

画像判別ＡＩ

画像を診断するＡＩとは少し違うＡＩとして、画像に映っている物体の名称を当てるＡＩがあります。このジャンルは古くから研究されており、その恩恵を受けたサービスもいろいろ誕生しています。

たとえば、スマホで撮影した生き物の名前を推定する「Ｂｉｏｍｅ（バイオーム）」というアプリ[83]や、植物の名前を判定する「ＰｉｃｔｕｒｅＴｈｉｓ（ピクチャーディス）」というアプリ[84]などが挙げられます。こうしたアプリでは、生き物限定や植物限定といったように判定できる範囲を絞っていることが多いです。これは、「活用範囲の限定」によってＡＩ開発の費用対効果を高めるためです[6]。

しかしこれらのＡＩは、ニーズを捉えるという観点でみると、優れた「活用範囲の限定」とはなりにくい面があります。専門家の人がこれらのアプリを頼る必要性は薄いでしょうし、一般の人は無料でなら使っても、お金を払ってまで欲しい機能とは言い難いからです。

そのため、ニーズが強く見込めない場合は**別のビジネス展開を組み合わせて付加価値を得るという考え方が重要**になってきます。たとえば先ほどの「Ｂｉｏｍｅ」では、アプリを通して収集された情報を環境保全のためのデータ分析に活用したり、珍しい生物がすむ観光地での集客に活用したりするなどして、さらなる価値を生み出しています[85]。

もちろん、強いニーズを捉えた「活用範囲の限定」をしているＡＩもあります。ＡＩレジ「べーカリースキャン」は、利用客がトレイに置いたパンをレジにて撮影し、種類や値段を判定して自動でレジ打ちする機能を提供しています[86]。これにより、店員の作業効率向上やレジ待ち時間の短縮による回転率向上などを実現して価値を生み出しています。

これと類似したサービスとしては、商品を置くだけでレジ打ちができる、ユニクロのセルフレジがあります[87]。ただしこれは、タグを商品すべてに付けておき、レジにある機械でそのタグを読み取ることで実現しています。この方法は誤りが生じにくくセルフレジで運用しやすい、というメリットがありますが、すべての商品にタグをつけなければならないというデメリットもあります。

特にパンなどの食品では、タグを付与すること自体が困難です。袋詰めなどをすれば可能でしょうが、その場合は袋詰めの手間や袋代がコストとしてかかってしまいます。一方で「ベーカリースキャン」では画像で商品を判別しているため、タグをつける必要がありません。つまり、タグの調達や準備にコストを割かずに導入することができるわけです。

このサービスでは導入時にパンの画像を何回か撮影し、これを学習データにしてAIに学習させています。通常であれば、数多くの学習データを用意しなければ性能の高いAIを実現するこ

6　グーグルレンズのように、あらゆる物体の名称を優れた性能で判定するAIももちろんありますが、実現には相当量のコストがかかるため、費用対効果は出にくくなってしまいます。

とはできません。ではなぜ、これほど少量でもサービスが実現できているのでしょうか？

この方法がうまく稼働できる理由は大きく分けて三点あると考えられます。一つ目が、対象とする商材をパンに限定している点、つまり「活用範囲の限定」です。パンはオリジナル商品なども多く、そのバリエーションは多数あります。一方で、パンという枠の中にある以上、**この世にあるあらゆる商品のバリエーションに比べれば非常に限定的**です。オリジナルのパンであっても、既存のパンと大きく見た目が異なることは少ないでしょう。よって、パンの判別方法だけに絞って事前に学習しておけば、新しいパンにも対応しやすいのです。

二つ目は、**間違いが生じることを前提とした運用体制**、つまり「失敗への対応方針」の観点です。学習データ量が少ないと間違いを起こす可能性が高くなるわけですが、このAIレジでは店員が常に張り付いて「間違いを常に人間がチェックする」体制をとることでカバーしています。必然的に人間側のコストは少しかかってしまうわけですが、それでもレジを打つ効率は大きく上げられます。レジの処理速度が上がれば店の回転速度も上がるので、繁忙時の機会損失を減らすことにもつながるわけです。

またその間違いの修正の仕方も効率化がなされています。一般的には、パンがうまく判別できなかった場合、配置を変えて正しく捉えられるまで撮り直すのですが、食品であるパンを頻繁に触るのは顧客に悪い印象を与えかねません。そこで、撮影された画面を店員がなぞるだけで修正できるようにしています[88]。こうした「人間との連携方法」の観点もうまく考えられているわけです。

三つ目は、運用していく中で学習データを積み上げていくことができる点、つまり「学習データの収集方針」の効果です。このAIレジでは人間が必ずチェックしているので、AIの間違いは人間が修正しています。このとき、**間違って判定されたパンの画像と、その正しい判定結果（人間による修正結果）がセットになった形で、つまり学習データの形で記録できる**のです。こうして集められたデータを新たな問題集としてAIに追加学習させることで、運用し続ければし続けるほど、安定した性能が得られるようになるわけです。

AIを作る際にはデータが必要です。最初からデータを十全に集められればベストですが、そうそう実現できることではありません。よって、いかにして運用しながらデータを集めていくかがポイントとなります。人間に最終的な判断をしてもらう、という方法はデータの収集という面で効果的な方法なのです。

ただし、その際には人間の判断結果をどうやって記録するかについて工夫が要るでしょう。記録に手間がかかりすぎるようでは、利用してもらえなくなる可能性があるからです。今回のAIレジでは、その**記録作業がレジ打ち作業の中で必然的に生じている**という点が、優れたサービスとして成立している大きな要素であると考えられます。

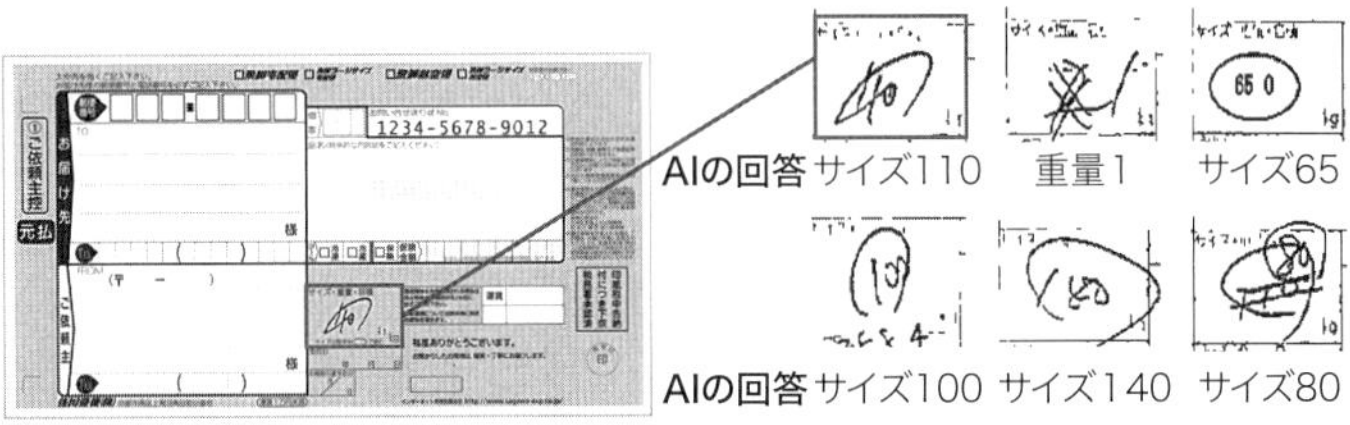

図 14●佐川急便の伝票入力 AI（提供：佐川急便［90］）

文字認識ＡＩ

文字認識ＡＩとは、紙に記載された文章を読み取り、データ化してくれるＡＩです。このタイプで最近話題になったものとして、佐川急便で開発されたＡＩがあります[89]。これは、配達員が手で書いた配送伝票を読み取ってデータ化してくれる、というものです（図14）。その性能は非常に高く、９９・９％以上の認識精度を実現し、月換算で８４００時間相当の作業コスト削減を実現しています。

　文字認識自体は歴史が古く、いまではスマホで撮った写真から文字を読み取るＡＩもあるほどです。しかし、その多くはパソコン等で印刷したきれいな文字を対象としています。一方で手書きの文字は形が不安定なため、高い認識精度を実現することは困難でした。実際、佐川急便のこの高い認識精度も、懐疑的な目でみたＡＩ研究者が多かったと思われます。

　それほどの精度を実現したこのＡＩには、さまざまな工夫が凝らされています。まず、大型の荷物などの一部伝票は対象外とする「活用範囲の限定」をしています。これにより、伝票全体のうちの93%にしか対応できないのですが、その代わりとして高い性能を実現しているのです。これはおそらく、伝票から読み取る文言のパターン数が大きく削減できるため、と考えられます。大型の荷物を対象から外してしまえば、記載される荷物サイズの範囲はかなり限定的になります。つまり、**記載内容の可能性が大きく絞れるので、性能を上げやすくなる**わけです。

もちろんこの限定によって、7%の伝票はAIで対応できなくなります。しかし、**その7%を対応できるようにするために多大なコストが必要になるのなら、処理対象から外してしまった方がいい**でしょう。このように、規模に見合わないようなコストがかかる範囲は対象から外す、という考え方は収益性を高めるうえでとても重要です。

また、「失敗への対応方針」においては「間違いを許容してもらう」ことで大幅な工数削減を実現しています。99・9%という高い認識精度を実現できているなら、失敗する可能性は無視しても問題ないレベルだとも考えられます。しかし、佐川急便ではさらに念を入れていて、一部のケースに絞って、人間が間違いをチェックする体制を敷いています。

AIは判定する際に、その判定結果にどれだけ自信があるか、という確信度合を出力することもできるのですが、この確信度合が低い、つまり**AIが判定に自信がないとしたケースに絞って人間がチェックしている**のです。

さらに、伝票を書くドライバー側にも配慮を要請しています。**AIが認識しやすい文字で伝票を書くように指導している**のです。AIが読み取りに失敗したケースなどをドライバー側に共有することで、ＡＩが読み取りにくい文字自体を減らし、ＡＩの認識精度向上へとつなげているのです。

利用者側のＡＩに対する理解は浅いことも多く、その得手不得手まで把握していることはまずありません。そのため、ＡＩの苦手な部分を周知することによって、適切なフォローを引き出せるような「人間との連携方法」を整備することはとても有用です。こうした運用は続ければ続けるほどＡＩの性能を高めていくことができます。ＡＩが働きやすい環境へと変えていく「人間との連携方法」を考えることも、優れたＡＩを作るためのポイントといえるでしょう。

「学習データの収集方針」については、どうしても開発初期は膨大なデータが必要になります。実際、佐川急便では350万枚分の手書きデータを学習に使っています。しかし、先に述べた通り、一部分とはいえ人間が間違いをチェックして正解を付与しているので、運用を続けるだけで新たな学習データを蓄積していくことができます。

このように、優れた性能を持つＡＩはポイントを適切に押さえているからこそ高い性能で実現できているのです。

その他の画像系ＡＩ

これまでに解説したＡＩのほとんどは、人間が行っている既存の作業を代替もしくは補助する、という類のものでした。人間の作業を減らせれば、人的コスト削減という明確な収益効果が生まれます。その明確さこそが、こうした類のAIが誕生しやすい大きな理由ともいえます。

一方で、**既存にはない新たなサービスを作る、**というのも十分価値を生み出せる可能性はあります。その一例として、犬の鼻の画像を使って、迷子になった犬の飼い主を検索できるサービスがあります[91]。犬の鼻は人間の指紋のように、犬それぞれで模様が異なります。そのため、飼い主が自分のペットの鼻を登録しておけば、迷子の犬を発見した人がその鼻を撮影するだけで、AIが鼻の模様で照合して飼い主を見つけ出してくれるのです。

このサービスは東日本大震災の経験から生まれたサービスとなっています。当時は混乱が多く、飼っていたペットが行方不明になってしまうケースも多く生じました。災害によって多くの犬が保護されてしまうと、自分のペットがどこにいるのかを探し当てるのはとても困難になります。災害時にはどうしても人命が優先され、動物は後回しにせざるを得ません。しかし、飼い主からしてみれば家族同然ですから、その所在をいち早く探し当てられるこのサービスには十分需要があると考えられます。

サービスとして収益化するには収入を得る方法が必要ですが、「もしものときの保険」になりうるので、多少費用が高くついても利用してくれる可能性は十分にあると考えられます。また、災害に対する備えとしても機能するため、国からの支援が得られる可能性もあります。実際、このアプリは福岡市の「実証実験フルサポート事業」に採択もされており、ペットサロンや獣医師会などからの賛同も得られています[92]。

また「活用範囲の限定」という面でこのサービスを考えると、ＡＩが行う範囲は、入力された鼻の情報を、登録済みの鼻の情報と照合していくだけなので、とても限定的です。たとえそこに間違いを含んでいたとしても、あとは人間側で間違いがないかを精査してもらえばいいので、「失敗への対応方針」もカバーされています。

さらにこのサービスは大量にあるデータから該当する犬を素早く探し当てる、というＡＩの処理速度が活かされている点と、鼻の模様の同一性を見極めるという人間が不得手な領域を扱っている点で、**「特性⑦：超高速に処理ができる」「特性⑧：人間には扱えない情報も活用できる」というＡＩの優れた特性を活かしたサービス**となっています。よって、人間が行うよりも高い費用対効果が期待できるでしょう。

この他の新たなサービスとして、プロのダンサーや振付師が投稿したダンス動画をＡＩでデータ化し、そのダンスの利用権を販売できるサービスがあります[93]。これは、ＡＩによってダンスを簡単にそっくりそのままデータ化できるようにしたことで、ダンサーの新たな収入源の可能性を広げて収益性を生み出したわけです。

映像の中のダンスを一切の変更やアレンジも加えずそのままデータ化できるという点は、「特性②：どうしたら課題解決となるかを自分で決められない」で少し触れた、「画一的な判断」をするというＡＩの特性を活かしたものといえます。このように、**ＡＩの特性を活かした今までにないサービスを考えることも可能性の一つ**といえるでしょう。

言語系AI

ディープラーニングは、言語系の分野でも目覚ましい発展をもたらしました。これまでも文章の構造を理解したり、特徴的なキーワードを抜き出したり、文章を別の言語に翻訳するなどのAIは実現されていたのですが、その精度は決して高いものではありませんでした。

この状況がディープラーニングの登場によって大きく変わりました。その先駆者ともいえるのが、グーグル社が生み出したBERT（バート）というディープラーニングを用いたAIです。BERTは既存の性能を大きく向上させただけでなく、グーグルがその技術や学習されたAIを一般に広く公開したことで、**さまざまな研究者が性能をさらに高める研究へと取り組めるようになり、飛躍的にその性能が高まっている**のです。

言語系のAIは大別して二つの種類があります。一つは、文章を読んでその意味や特徴などを判定する文章判断系、もう一つは文章を読んでそれに対応する文章を生成する文章生成系です。どちらも同じような技術が根幹には使われているのですが、AIの構造は少し異なっていて、課題に応じて使い分けする必要があります。当然ながらその性質もまた異なる点があるため、以降ではそれぞれに分けて解説していきます。

文章判断系AI①（感情分析）

文章判断系は、文章を読解し解釈することに特化したAIです。たとえば「与えられた文章題を読んで、正解を四択の中から選ぶAI」、あるいは「与えられたコメント文章を見て、それがポジティブな評価なのかネガティブな評価なのかを判断するAI」などが挙げられます。以降では、後者の感情分析をするAIを例にとって解説していきます。

皆さんはヤフーが提供しているリアルタイム検索をご存じでしょうか[94]？ これは、利用者投稿型のメディアであるツイッターなどで、最近つぶやかれている投稿を検索する機能です。この検索結果画面では「感情の割合」というグラフが表示されます。これをみれば、検索した単語に対しポジティブな感情を抱いている人がどのくらいいるのかが分かるのです。

たとえば、「AI」という単語で検索をすると、ポジティブな感情を抱いている人が51%、ネガティブな人が49%いる、といった結果が表示されます。つまり、AIに対して好意的な人も悲観的な人も同じくらいいる、つまり期待と不安が半々なのだ、といったことを知ることができるのです。

こうしたサービスは、販売中の商品やサービスに対する市場評価の調査などに応用されています。製品を提供する企業にとってマーケティングは重要な観点であり、費用を投じてさまざまな調査が行われています。しかし、市場を調査する場合、それなりの人数に対しアンケートを取ら

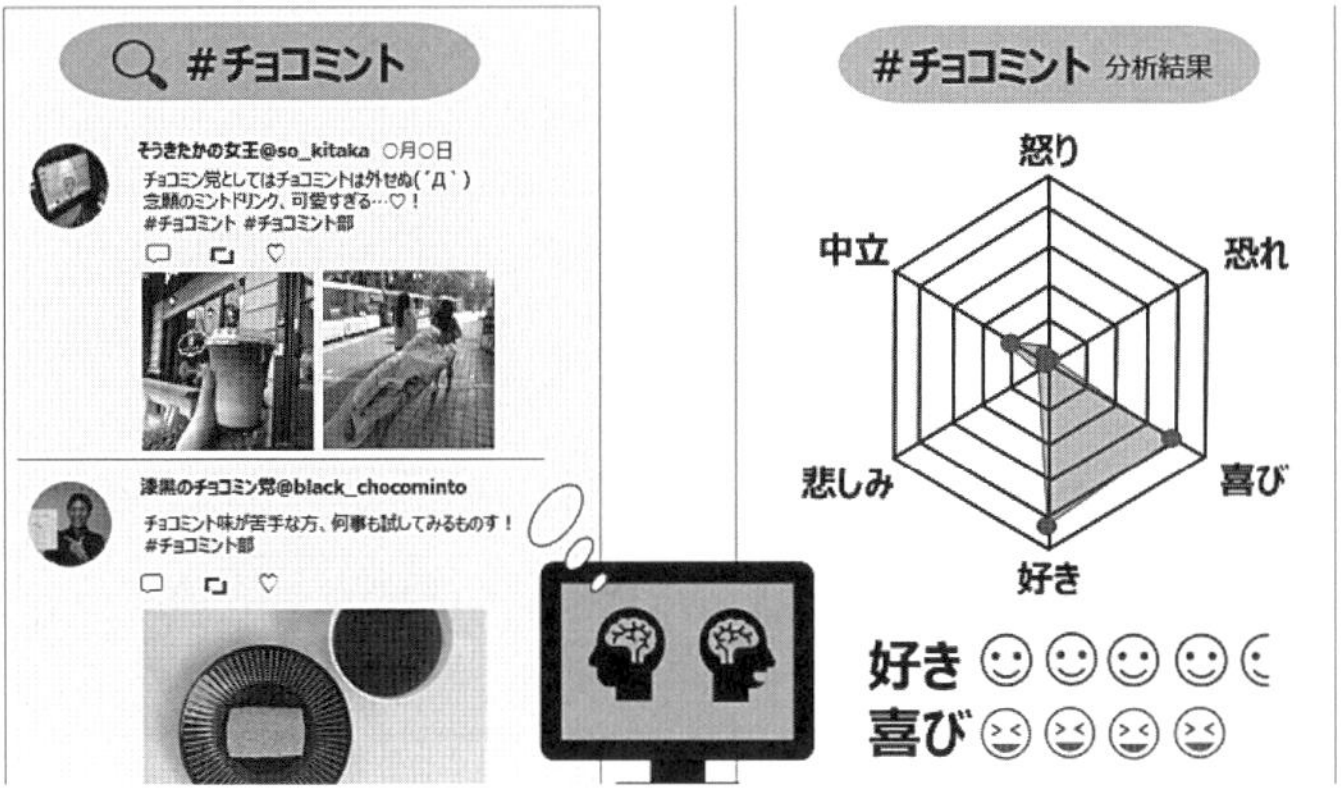

図 15●株式会社 CINC の感情分析 AI（[95]）

なければならず、コストがかさみやすくなります。そこでこのＡＩを使うことで、**低コストで簡単に市場の印象調査ができ、よりよい製品へと変えていくことができる**わけです。

もちろん理想をいえば、より具体的にどんな印象を抱いているのかまで把握したいところです。たとえば、ＡＩに対して恐怖を感じている、役に立たないと思っている、活かし方が分からず困っている、といった具体的な状況が見えてくれば、どんな本を発売すれば売れそうか、などといった目星もつけやすくなるでしょう。実際に、ポジティブ、ネガティブだけでなく、怒りや悲しみ、恐れなどといったより細かな判定ができるＡＩも誕生してきています[95]（図15）。

しかし、あれもこれもと複雑な観点までＡＩに捉えさせようとすると、開発コストがかさんでしまいます。**市場調査自体はあくまで情報収集であ**

り、それそのものが収益を生み出すわけではありません。よって、いかにマーケティングが重要であるといっても、多額のコストをかけられるとは限らないのです。

それに、同じコストをかけるなら、アンケートの実施に費やす方が得られる情報も潤沢になるかもしれません。そうした事情から、比較的安価での実現が求められてしまう分野であるため、ポジティブ・ネガティブといったシンプルな観点で判定するというような「活用範囲の限定」をして開発コストを下げていることが多いのです。

一方で、もっと違う分野でのＡＩ活用も見据えているのであれば、コストを投じる価値が出てくる可能性もあります。最近の例でいえば、社員の離職防止への活用が挙げられます。あるコールセンターでの調査で、業務中の対話音声から推定された感情の状況によって、オペレーターのその後の退職率が大きく異なっていた、という結果が得られています[96]。社員の離職は、そのたびに育成コストの損失へとつながります。また、社員の日々の感情を捉えることは、社員が健康的に働けるようにする観点でも有益でしょう。こうした**横展開をどこまで見据えるかも踏まえて、「活用範囲の限定」を検討していくことが大切**です。

感情分析ＡＩの場合、「失敗への対応方針」はあまり強く考慮する必要がありません。感情を推定した後で何をするかは基本的に人間側で考えなくてはならないため、ＡＩの判定結果は必然的に参考情報の位置づけとなるからです。さらに、**感情の推定自体、人間にとっても正解が分かりにくい**話ですので、間違っていても仕方ないと考えることができます。

その代わり、「人間との連携方法」については十分な整備が求められます。**AIによる推定結果を人間が活かせなければ、AIを使う価値を生み出せない**からです。たとえば、ネガティブと判断されたコメントを簡単に概観できるようにして、不満点の迅速なキャッチアップや改善方法の検討につなげられるようにする、といったことが挙げられます。この分野は、優れた「人間との連携方法」がいまだ模索中の段階と思われますので、効果的な連携方法が生み出せれば価値あるサービスとして確立できることでしょう。

感情分析AIはあまりコストをかけにくい、という話をしましたが、コストをかけずに作るためには、いかにして学習データを大量に用意するか、つまり「学習データの収集方針」が肝になってきます。感情のように人間の感覚次第で変わってしまう不確かさが強い性質のものは、十分なデータ量がないとなかなか安定した性能を発揮できません。

感情分析ではポジティブかネガティブかを判断していることが多いのですが、それはデータが集めやすいことも関係しています。たとえば、ネットショッピングサイトなどでよく見かける**レビュー投稿を使えば簡単な感情分析AIを作ることもできる**のです。

多くの大手ネットショッピングサイトでは、実物を購入前に確認できないという問題点を補うために、実際に購入したユーザに商品の感想や印象をレビューとして書いてもらう機能を用意しています。このとき、印象の良し悪しを一目で分かりやすくするために、「すごくいい」「わりといい」「普通」「あまりよくない」「悪い」などといった五段階評価も一緒に付けてもらうことが多くあります。

この評価は、いわば商品への印象がポジティブかネガティブかを表す度合とみなせます。そこで「すごくいい」「わりといい」などの好印象な評価がついているレビュー文章を「ポジティブ」な文章、「あまりよくない」「悪い」といった悪い評価がついているレビュー文章を「ネガティブ」な文章と正解付けすることで、**大量のレビュー記事から感情分析に用いる学習データを大量に生成できる**のです。

このようにして、すでに蓄積されているデータをうまく使って学習データを大量に用意できれば、低コストでのAI実現につなげられます。最初から理想的なデータを用意しようとしてコストを費やすのではなく、**今あるデータから作れるAIを模索して実現し、その運用の中でよりよいAIの構築へとつなげていく**、というのも有力な選択肢です。

ただし、この方法は違うデータを転用して使っている関係上、性能面での不安は否めません。よって、あくまで低コストで始める際の一案として捉えておいた方がいいでしょう。実際、ヤフーの感情分析AIは、約2万件の文章に対し人間が正解を一つ一つ付けて作り上げた学習データを使って作られています[97]。コストはかけられないが、プロトタイプを作って運用しつつデータを集めたい、といった際に、近いデータを転用することを検討してみるといいでしょう。

ちなみに**転用する際には、分析対象とできる限り近い学習データを用意する**ように心がけましょう。感情分析では、文章が何について語っているのかによって正解が変わりえます。たとえば、

「とてもよく切れる」というレビューがあったとして、それが包丁のレビューであればポジティブと解釈するべきですが、通信機器などであれば「通信が切断されやすい」という意味になるのでネガティブと解釈すべきです。よって、何でもかんでもレビュー記事を集めればいいというわけではなく、適用しようとしている文章に似たデータに絞って集めることが肝要です。

そうはいっても、データの選別にコストがかかるようでは困ります。このあたりは、**最初の段階で目指したい性能と、そこに費やせるコストとで折り合いをつける**必要があります。運用の中でデータを集めることがより性能の高いAIへと近づく有効な方法ですので、運用につなげられるレベルの範囲で折り合いをつけるのがよいでしょう。

転用ではなく新規にデータを集める場合は、人間に正解を付与してもらわないと学習データとして使えません。しかし、大量のデータを人間がチェックするのはどうしてもコストがかかります。特に感情は人間でも正解が分かりにくいため、学習データを多く集めることが難しい傾向にあります。

こうした場合は、全部ではなく一部分だけチェックしてもらう、という方法も一つの手です。伝票の自動読み取りの例において、AIが判定に自信がないとしたデータだけを人間がチェックしている、という話をしました。これは「間違いを正して登録したい」という面が強いのですが、「より優れたAIを作るためのデータを蓄積したい」という目的で実施するのも有用です。

AIが判定結果に自信がないとしたデータは、その正解が分かればもっと性能を高められるデ

ータでもあります。そこだけ人間に正解を付けてもらえれば、効率的にAIの性能を高められるわけです。ただ、この部分の細かい方法論については難しい話が絡んでくるため、専門家に任せてしまうことをお勧めします。

文書判断系AI②（特許文書あいまい表現検知）

文章判断系AIとして、筆者の会社で開発したAIを一つ例にとってみたいと思います。これは、特許文書の中からあいまいな表現を含む文章を検知するAIです。

特許とは、自身の発明を他者に勝手にまねされないように、生み出したアイディアを明文化して独占的に利用できる権利を得るためのものです。よって、特許の文書は生み出したアイディアの範囲を正確に記述することが求められます。

しかし、文章は時として解釈があいまいな点を含むことがあります。その結果、ある製品が特許侵害にあたるのかあたらないのか、という点が裁判で争われることも珍しくないのです。訴訟となれば膨大なコストへとつながってしまうため、これを避けることは重要な課題となっています。

特許では、特許文書に書いてあることがすべてです。よって、特許文書を提出する際には細心の注意を払って文書の確認をする必要があります。一方でさまざまな技術が誕生している昨今では、出願される特許の数も多く、その一つ一つを完全にチェックできるとは限りません。特許は先に出願した方が優先されるため、いかに素早く出願できるかというスピードも求められます。時間が取れないからといって、悠長に先延ばしにはできないのです。よって、**手間を掛けずかつ効率的にあいまいな表現となっている箇所を見つけたい、というニーズが生じている**のです。

筆者の会社ではそのニーズを受け、特許関連のサービスを提供しているアイビーリサーチ株式会社と共同で、あいまいな表現となっている文章を検知するAIを開発しました。これを使うことで、利用者は特許文書すべてを隈なく見ることなく、怪しいと思われる範囲に絞ってチェックすることができるようになり、効率的にあいまいさを解消することができます。

まずは「活用範囲の限定」から触れていきましょう。あいまいかを正しく判断するためには、文章を正確に理解する力が要るでしょう。しかし、現在のAIでも文章の意味を正しく捉えることは容易ではありません。2022年に行われた法律関係の文書を解釈する国際コンテストで1位になったAIでも、正答率は約68%と、決して高いとはいえないレベルでした[98]。一方で、「文章があいまいかどうか」という観点だけに絞れば、その難易度は大きく下げることができます。

欲をいえば、あいまいかどうかだけでなく、どこがどうあいまいなのか、といった情報まで示せるようして、利用者が活用しやすい形にもっていきたいところです。しかし、複雑な回答を返せるようにすればするほど、学習の難易度は高くなり、高い精度を発揮できなくなってしまいます。そこで最初の段階では、**あいまいかどうかという最低限の情報だけを判断する形にして難易**

度を下げる方針をとっています。

また、基本的に人間のチェックを必要とする形なので「失敗への対応方針」での問題はあまり生じません。そもそも、あいまいな箇所は見つけるだけでなく直さなくてはなりません。想定通りの特許となるように修正することは、特許の背景を知っている人間でなければ困難です。よって、人間がチェックすることが前提となります。

「人間との連携方法」の面では、あいまいと判断された箇所を色付きで表示し視覚化することで、注視すべき点だけを簡単に確認できるようにしています(図16)。また、校正に費やせる時間の量は特許の内容や重要度によっても変わりうる点を考慮し、「あいまい性が高いものを提示する」だけでなく、「あいまい性がとても高いものだけに絞って提示する」といった絞りこみ機能なども用意して、利用者の利便性を高めています。

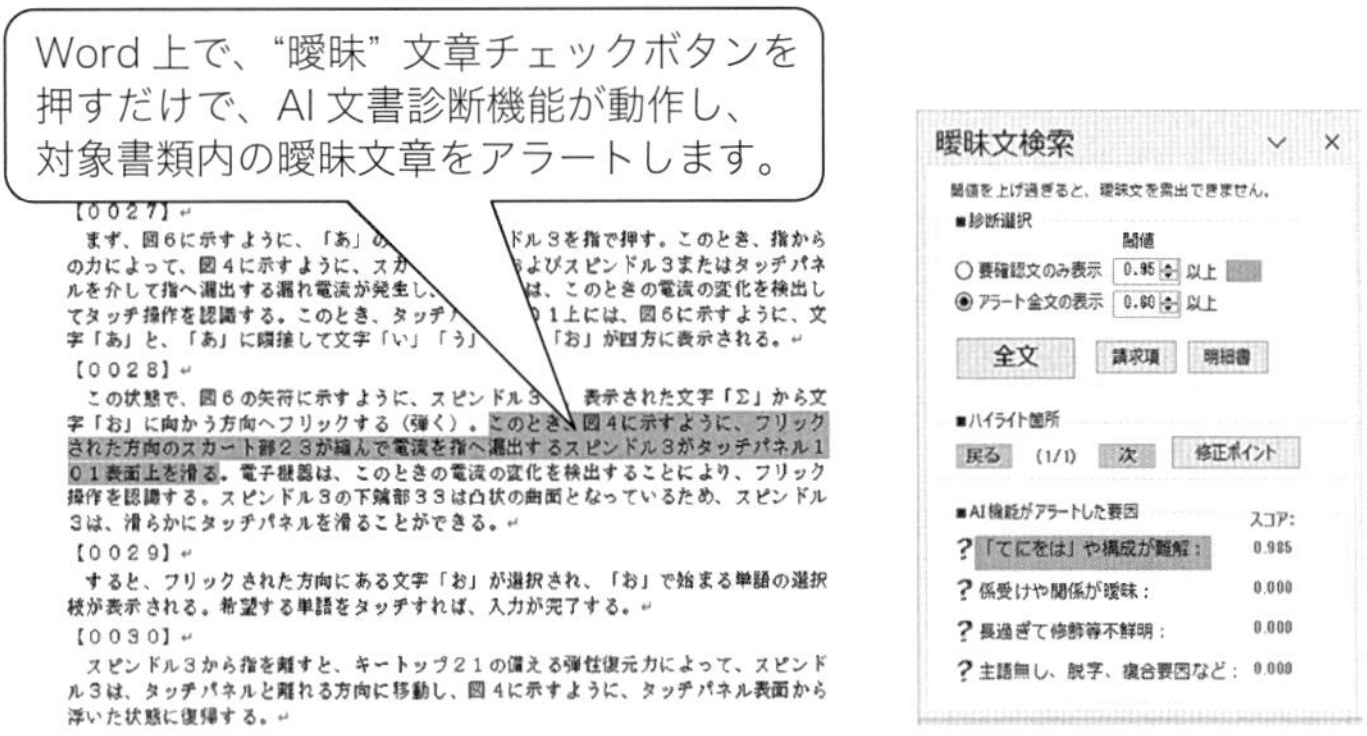

図16●曖昧《あいまい》検知システム（[99]）

ＡＩを作るに際し、大きなネックとなるのが「学習データの収集方針」です。特許文書自体は世にたくさんあるのですが、その中であいまいさを含む文章は決して多いわけでありませんし、どれがあいまいな文章なのかを記録したデータベースもありません。よって、学習データは一から構築する必要がありました。

この場合、学習データを大量に集めるのはコスト面で厳しいことが多く、単純な方法では性能の高いＡＩを作ることはできません。大量の学習データを要求しない、ディープラーニング以前のＡＩ技術を使う手もありますが、**ディープラーニングの恩恵を強く受けている言語系の分野では、性能面でどうしても見劣りする**感が否めません。よって、何らかの方法で学習を効率的にしなくてはなりませんでした。

そこで着目したのが特許文書の特殊性です。特許文書は一般の文章とは大きく異なります。権利を主張する範囲を明文化する都合上、**普通の話し言葉では絶対に使わないような言い回しが多く存在する**のです。一方で、世にある多くのＡＩは普通の文章を対象としているため、特許文書を得意とはしていません。よって既存のＡＩをベースに特許文書のあいまいな箇所を学ばせても、少ないデータでは性能を発揮できないと考えられます。

この点を踏まえ、まずは大量に集めることができる特許文書を使って、特許の文書作法を学習したＡＩを作り、そのＡＩに特許でのあいまいな表現を学習させる方法をとりました。この考え方は「転移学習」と呼ばれる方法の一種で、特に言語系のＡＩで高い効果を発揮している手法です。この方法を使えば、学習データが少ない状況でも高い性能を引き出しやすくなります。ただしこの方法は、さまざまな試行錯誤やテクニックが求められるため、可能ならば学習データを大量に集める、という王道をとったほうがいいでしょう。

しかし、常に王道が選択できるとは限りません。その際はこうした方法を使ってとりあえず運用できるAIを作り、サービスをリリースしていく中でデータを集めていくことが有力な手段なのです。最初から高い精度でリリースできるならそれが理想ですが、現実にはさまざまな制約からその実現が難しいことがほとんどです。AI構築では、こうした現状を押さえつつ、**収益性を得られるだけの性能を実現して開発のための資金余力を増やし、中長期的な目線で動かしていくことも必要な観点**といえます。

文章生成系AI①（自動翻訳）

では次に、文章生成系AIについて説明していきます。前述した文章判断系は、回答を何らかの選択肢（ポジティブ、ネガティブなど）から選ぶ形式でした。一方で、**回答を選択肢から選ぶのではなく、文章を作って返す**方法もあります。本書ではこれを文章生成系と呼ぶことにします。文章生成系は、AIの構造が文章判断系とは少し異なるため、その特性も若干異なります。

文章生成系で代表的なのは自動翻訳AIでしょう。自動翻訳AIは昔からありましたが、最近よく見かけるようになったのはディープラーニングの誕生が大きく関わっています。技術の飛躍によって性能が大きく改善され、十分実用可能なレベルに到達したのです。すでに**その性能はTOEIC960点レベルのビジネスマンと同程度**という報告もあるほどです[100]。

自動翻訳AIのニーズについては疑う余地はないでしょう。グローバル化が進む昨今で、言葉の壁を簡単に超えられる方法は多くの人が求めることです。ただ、一口に翻訳といってもそのレベルはいろいろあります。単純にニュアンスだけが伝わればいい、というケースもあるでしょうし、法律や特許といった厳密な表現が伝えられなければいけないケースもあります。さらには、映画や小説などのように、それぞれの国の文化的な背景を踏まえつつ、国に合わせた表現を補ってほしい、なんてケースもあります。

今の自動翻訳AIは、基本的には**発言のニュアンスが伝わればいい、という「活用範囲の限定」をした学習**が行われています。そのため、入力した文章を過不足なく翻訳することを保証していません。場合によっては、内容を勝手に削って翻訳してしまうこともありえるのです。

これは、自動翻訳AIの学習に用いられている学習データが影響していると考えられます。仮に、日本語から英語へと翻訳するAIを作る場合、問題文となる「日本語の文章」と、正解にあたる「英語に翻訳した文章」の組を学習データとして用意することになります。しかし、自動翻訳AIは構築の難易度が高いため、数多くの学習データを必要とします。自動翻訳AIに特化した学習データを用意したいところなのですが、その方針のもとで十分な量のデータを集めることは難しいでしょう。

足りない数を補うためには、誰かがどこかで翻訳したデータを広くかき集めてくるしかありませんが、いろいろな場所から手当たり次第に収集しているようでは、品質の面はあまり望めないでしょう。おそらく大半は、ニュアンスが伝わればいいというレベルとなってしまいます。すると、**それを使って作られたAIもまた、ニュアンスが伝わればいいというレベルになりやすい**のです。

仮に、もっと高度なレベルの翻訳AIを作ろうとした場合、学習データの収集コストなどが跳ね上がることになります。しかし、そうしたレベルのニーズはそう多くはないので、**ニュアンスが伝わるレベルで提供することで収益性を高めている**わけです。

では、「失敗への対応方針」はどう扱っているのでしょうか？　前にも触れた通り、基本的には利用者に「間違いを許容してもらう」形をとっています。そもそも人間は外国人にカタコトで話しかけられても、大体意味を推察できる力があります。仮にAIが若干おかしな翻訳をしていたとしても、間違った翻訳もしうることを分かってさえいれば、大きな問題にはなりません。

ただ、間違っている点を利用者に指摘してもらえれば、さらに性能の高いAI実現につなげる学習データとして活用できます。そのため、多くの自動翻訳ツールでは、AIによる翻訳を簡単に修正できる機能も併せて設計されています。こうした「人間との連携方法」を用意して**利用者に使ってもらうことで、AIの性能を上げるための学習データ作成にもつなげている**のです。

たとえば、世界最高レベルの翻訳精度をうたっている翻訳AI「DeepL（ディープエル）」

でも、翻訳された文章の中から誤訳部分を選択して、別の翻訳候補に変えられるという修正機能があります[101]。そして、(無料版での)修正結果は性能向上に活用されることも明記されています[102]。とても高機能な翻訳ソフトでありながら**無料で利用できるのは、学習データを蓄積していくため**なのです。

一方で、企業などでは公にできない文書を翻訳したい、というニーズもあります。そこで、学習データへの活用は行わない有料版も別に用意することで、**学習データの確保もしつつ、収益化も実現する、という形をとっている**のです。

一般に文章生成系は文章判断系に比べて多くの学習データを必要とします。いくつかの選択肢の中から選ぶだけでいい文章判断系に対し、文章生成系では長い文章を一から作成しなければならないためです。よって、「学習データの収集方針」は特に重要な課題となります。無料版を広く提供する、というのはその方針の一環なのです。

なお、英語や日本語といった広く活用されている言語であれば、学習データはまだ集まりやすいのですが、利用者の少ない言語になればなるほどその収集は難しくなります。

自動翻訳AIではこの問題を、翻訳の特性を活かした方法で解決しています。まずそもそも、この世の中に言語は数多くありますが、使う言語によって伝えられるニュアンスが大きく変化することは少ないでしょう。そうだとすれば、あらゆるニュアンスが、どんな言語でもおおむね表現できることになります。

その着想から生み出されたのが、**中間言語を経由する**という方法です。たとえば、フィンランド語からスワヒリ語へと翻訳する際に、直接フィンランド語からスワヒリ語にするのではなく、中間言語を間に挟んで、「フィンランド語→中間言語→スワヒリ語」、という変換をするのです。

この中間言語は、多くの言語との翻訳が行われている言語、つまり英語がよく選ばれます。よって先ほどの変換は、「フィンランド語→英語→スワヒリ語」という変換になります。

この変換方法を使うと**「フィンランド語→英語」と「英語→スワヒリ語」という二つの課題に切り分けて考えられる点がポイント**となっています。「フィンランド語→スワヒリ語」の翻訳について直接学習しようとすると、「フィンランド語→スワヒリ語」の翻訳文が大量に必要となります。しかし、利用者の少ない言語同士では学習データを大量に用意するのは困難です。

一方で、「フィンランド語→英語」と「英語→スワヒリ語」の翻訳であれば、「フィンランド語→スワヒリ語」よりは数多く集めることができるでしょう。つまり、この**二段階での翻訳によって、学習データが少ない言語間でも高い性能で翻訳を実現**できるわけです。

この方法は、言い換えれば**解きにくい課題を分割して解きやすい課題へと「活用範囲の限定」をしている**と捉えることができます。こうした発想はノウハウや過去の経験などを活かさなくてはならないため、形にするのは容易ではありませんが、「活用範囲の限定」にはこうした方法もありえるのだということは覚えておくといいでしょう。

なお、最近の自動翻訳ＡＩではさらに高度な考え方を用いています。先ほど用いていた中間言語は、英語などのように地球に存在する言語を用いていました。これに対し、最近のグーグル翻訳では、**中間言語をAIに勝手に作り出させる方式**をとっています[103]。つまり、A言語からB言語への翻訳を学習させる際に、「A言語→B言語」ではなく、「A言語→中間言語→B言語」という二段階の翻訳を必ずさせるわけです。この方法でさまざまな言語間の翻訳について学習していくと、あらゆる言語のニュアンスを捉えたAI独自の中間言語が形作られるのです。

もっともこの中間言語は、言語と呼ぶような形式ではなく、コンピュータが扱える、0と1という数字の羅列で表現された記号のようなものです。しかし、これはある意味で、**AIが人間の言葉を大量に学習することで生み出したAI独自の言語**ともいえます。こうした突飛な発想を形にできることも、最近のディープラーニングの特徴といえます。実際にできるかどうかは専門家に相談する必要がありますが、柔軟な発想をもって周辺のデータを活かす方法を検討することは、良いサービスとして成立させる突破口となるかもしれません。

文章生成系AI②(チャットボット)

文章生成系の技術で、最近サービス化が多く行われているのがチャットボットです。これは、文章で投げかけられた問いに対し、まるで人間であるかのように返答してくれるAIです。

チャットボット自体は古くから存在するAIでした。AIの黎明期である1966年にはすでにELIZA(イライザ)というチャットボットAIが誕生しています[104](図17)。人間は言葉を

```
  Welcome to
                    EEEEEE  LL      IIII   ZZZZZZ   AAAAA
                    EE      LL       II       ZZ   AA   AA
                    EEEEE   LL       II     ZZZ    AAAAAAA
                    EE      LL       II    ZZ      AA   AA
                    EEEEEE  LLLLLL  IIII ZZZZZZ    AA   AA

  Eliza is a mock Rogerian psychotherapist.
  The original program was described by Joseph Weizenbaum in 1966.
  This implementation by Norbert Landsteiner 2005.


ELIZA: Is something troubling you ?
YOU:   Men are all alike.
ELIZA: What is the connection, do you suppose ?
YOU:   They're always bugging us about something or other.
ELIZA: Can you think of a specific example ?
YOU:   Well, my boyfriend made me come here.
ELIZA: Is it important to you that your boyfriend made you come here ?
YOU:   He says I'm depressed much of the time.
ELIZA: I am sorry to hear that you are depressed.
YOU:   It's true. I am unhappy.
ELIZA: Can you explain what made you unhappy ?
YOU:
```

図 17●ELIZA（[105]）

介して疑問や問題点を解決することが多いため、自由に会話しながら問題を解決できるＡＩは古くから誕生が望まれていたのです。

ＥＬＩＺＡは一見すると自然な対話をしますが、文章を理解してはいません。「みんなが私を〇〇〇」という文章が投げかけられたとき、「誰があなたを〇〇〇のですか？」と返す、といった感じで、**反応の仕方を『機械』的に設定しているだけ**なのです。その設定のおかげで、「みんなが私を責める」と話しかけられた際に、ＥＬＩＺＡは「誰があなたを責めるのですか？」という自然な反応を返すことができました。

当然ながら、このやり方ではさまざまな会話に対応できる柔軟性はありませんでした。しかし近年では、ディープラーニングの誕生によって、問いかけられた文章の意味するところを解釈し、適切な回答文章を一から生成できるようになってきたのです。その結果、学習データの中にない話題であっても、これまでに学んだことを活用して柔軟に返答できるAIが数多く生み出されています。冒頭で触れた、自身の感情について語れるAI「LaMDA」もその一つです。さらに最近は、チャットGPTのような高性能なチャットボットが、続々と誕生してきています。

しかし、まだ人間ほどの安定性を持ち合わせてはいません。基本的に**チャットボットの性能は扱える話題の広さに依存**します。特定の話題、たとえば商品の取扱説明といった小さな範囲に話題を限定すれば高い性能を発揮できますが、日常会話を交えたり、脇にそれた話題にまで対応したりしようとすると少なからず性能が下がってきます。そのため、限られたコストで効率よく性能を高めるためにはいかに会話内容を限定するか、つまり「活用範囲の限定」を考える必要があります。

範囲を限定するうえでまず考慮すべきは、収益性の観点です。会話内容を限定するということは、対応できる仕事が限られるということです。よって、いかに価値を生み出せる、つまりニーズのある範囲に絞れるかが問われます。

よく使われる範囲として、企業の問い合わせ窓口（コールセンター等）が挙げられます。なぜかというと、窓口で生じる**問い合わせの大半は、過去に類似した問い合わせがあるので、そのときのやり取りを活用すれば比較的簡単に解決できる**からです。つまりこの範囲に絞ってチャットボットを活用すれば、開発難易度を低く、それでいて窓口対応のコストを大幅に削減できるわけです。

ただしチャットボットの場合、もっと掘り下げて範囲を限定しないと、難易度が高くて実現が難しいこともよくあります。たとえば、**コールセンター業務のすべてを代替する、という絞り方では範囲が広すぎて難しい**でしょう。「自社で販売している商品についてのコールセンター」という絞り方であっても、交わされる会話が製品の話に限らないことも少なくないからです。

自身の利用環境について詳しく説明したり、問い合わせに至った経緯を話したり、製品にまつわる気になった出来事を一から語ったりすることも十分ありえるでしょう。ピンポイントに製品の話だけをすれば、利用者が満足するとは限りません。聞きたいこと、知りたいことは人それぞれです。しかし、AIでそれらを柔軟に解決しようとすると開発コストが大幅にかさんでしまいます。

逆に強烈に狭く、「よくある質問にだけ回答する」とまで絞れば、それこそAIを使わなくても対応できます。FAQ（よくある質問とその回答のリスト）を用意しておけばいいのです。一方で、ただFAQが置いてあるだけでは、利用者が自力で回答を探さなくてはならず、それなりの手間がかかります。特にFAQの量が膨大であったり、回答を探す作業に慣れていない人であったりすると、途中で挫折してしまう方も出てくるでしょう。

それならば、「FAQから回答を探す際の橋渡しをする」という範囲の絞り方にしておけば、どんな利用者でも効率的に回答へとたどり着けるようになりそうです。実際、問い合わせ窓口で使われるチャットボットの多くは、「(そこそこ)よくある問い合わせ」にだけ対応する、という「活用範囲の限定」をしています。AIで対応できない場合だけ、人間が対応するわけです。これによって、膨大な業務コストを削減し、費用対効果を実現しています。

うまく「活用範囲の限定」をしてチャットボットを効果的に導入するためには、AIの得手不得手を理解しておくことも大切です。チャットボットが生み出す会話の流れは、学習データ内でよく見かけるパターンであればあるほどうまくなります。そのため、**十分な学習データが用意できる範囲に絞ることを心がける**とよいでしょう。

ただそうはいっても、文章生成系は相当量の学習データを必要とするため、期待した性能が出せないことも少なくありません。その場合は、文章生成系ではなく文章判断系を用いることも有力な方法です。実際のところ、企業で導入される問い合わせ窓口でのチャットボットも、文章判断系を使っているケースがよく見受けられます。つまり、問い合わせ文章を解釈し、**あらかじめ用意された回答文の中から最も適切なものを選択して提示する**、とするわけです。

文章判断系がよく用いられるのは、「失敗への対応方針」を考慮しているためです。チャットボットはいつでもリアルタイムに応対できることが一つの売りであるため、人間が一つ一つ事前にチェックすることは困難です。よって、AIが失敗した際には、基本的には利用者側に「間違いを許容してもらう」ことになります。

しかし、チャットボットは難易度が高いため、不得意な話題ではかなり性能の低い、意味の分からない返答をすることも珍しくはありません。あまりにも返答の精度が悪いようでは、利用者に使ってもらえなくなり、費用対効果をうまく発揮できない懸念が出てきます。そこで、代わりに文章判断系を使うことで大きな失敗を防いでいるわけです。

企業が問い合わせ窓口として提供するチャットボットの場合、もう一つ別の問題点があります。企業の窓口となっている以上、その言い回しには気を付けなければなりませんが、**チャットボットは話し方を制御することが難しい**のです。ある程度の制御はできるのですが、企業の窓口としてふさわしい言い回しを徹底させる、といったことは困難なのです。

これは、チャットボットの話し方が学習データに依存することが影響しています。チャットボットの作成には大量の学習データが必要となるため、利用できるデータを広くあまねく集めてくることが多いのです。その結果、さまざまな場所でのあらゆるやり取りが集積されるため、その文章から学習されたAIも必然的に、いろいろな年代、いろいろな職種、いろいろな地域、お堅い場面やそうでない場面が入り混じった応答になりがちなのです。

一方で最近は、言語生成系AIの性能も非常に高いレベルになってきました。たとえば汎用型AIのコラムで触れたGPT-3もその一つです。過去に、このAIを使って何者かが海外の掲示板へ自動投稿を繰り返していたところ、一週間ものあいだAIだと気づかれなかった、ということがありました[106]。しかも最終的に気付かれた理由が、投稿内容の不自然さではなく、その**投稿頻度や速さが人間にできるレベルではない、という理由**だったのです。犯人がいまだ分かっていないため、投稿文章に人間が多少手を加えた可能性も否定はできないのですが、その多くがAIによって作られていたことはおそらく間違いないでしょう。

そんなGPT-3ですら、大きな間違いを起こすことはあります。ある取材では、GPT-3を搭載した会話ロボットに「おばあちゃんの家に行ってきた」と話しかけた子供に向けて、「おばあちゃん死んじゃったね」と返してきたケースが報告されています[107]。この発言は言い方や空気の読めなさといった問題もありますが、事実関係としても正しい発言ではありません。

こうした間違いが起こるのは、**「おばあちゃん」という存在が、AIからみると特定の人物を指してはいない、**という点が大きいでしょう。AIは大量の文章から学習しているので、その中にはさまざまな「おばあちゃん」が含まれています。それらを区別なく学習しているので、AIが捉える「おばあちゃん」は世に存在するすべての「おばあちゃん」の寄せ集めになってしまうのです。もちろんこれは「おばあちゃん」に限らずさまざまな単語で生じえます。

どんなに優れたAIであっても、学習データがそのように構成されている以上、この問題を避けることは困難です。「○○さんのおばあちゃん」などと付け加えれば、対象をかなり限定できるかもしれませんが、AIが特定の一人を正しく捉えられる可能性は低いでしょう。

また、こうした間違った発話をしないように調整することも容易ではありません。「特性⑪：細かな動作調整は難しい」があるため、どう直せば話し方や話す内容を変えられるかが分からないのです。**ちょっとした言い回しで相手に不快感を与えるケースなどは特に是正することが困難**

です。

過去に、マイクロソフト社が開発した「Ｔａｙ（テイ）」というチャットボットも、この問題に直面して稼働停止に追い込まれています[108]。いろいろな人と自由に会話できる形式で公開されていたのですが、システム上の不具合をついた一部の悪意あるユーザからの発言を学習して、人種差別的な表現を使うようになってしまったのです。その後の調整を経て一度は再公開されたのですが、問題発言をしないように調整しきれてはおらず、再停止に追い込まれています[109]。

こうした理由から、**企業などが用いるタイプのチャットボットは、あらかじめ決められた定型文の中からＡＩが最適な回答文を選ぶ形が多い**のです。この方法なら、回答をＡＩが一から作ってはいないので、不適切な発言をすることもありません。

ちなみに最近では、文章判断系と文章生成系を組み合わせたハイブリッド型も出てきています。「天気を教えてほしい」「音楽をかけてほしい」といった問いかけの内容に応じて、情報を文章で返したり、音楽を流すといったアクションを選択したりするわけです。この方法なら文章生成系が活用される比重が下がるので、失敗も少なくできます。

ただし当然ながら、文章生成系の発言を適切にコントロールする必要性は残ります。それに対しては、不適切な表現を含まないようにしっかり整備した学習データで文章生成系ＡＩを作ったり、実際に発話する前に不適切でないかを自動でチェックするシステムを用意したり、といった対応をしているようです。もちろん、この方法でも不適切な発言をしないとは限らない点には注意すべきでしょう。

ここまでは、チャットボットを用途に合わせて調整するケースについて解説してきました。しかし最近は、チャットGPTのようなきわめて汎用性の高いAIが比較的安価で提供されるようになってきたため、そうしたAIを（あまり調整せずに）そのまま導入するという考え方も有力な選択肢となってきました。実際に日本でも、エントリーシート添削などにチャットGPTを取り入れた就職支援サービスを提供したり[110]、チャットGPTをニュースライターとして採用したりするケースが出てきています[111]。

チャットGPTの活用方法としては、文章のドラフトや構成案の生成、記事のタイトルや要約の作成、文章校正や各種相談に対するアドバイスといったように、利用者の製作作業を支援する形が大半となっています。この方法であれば、**最終的な判断を利用者が担うことになり、「失敗への対応方針」の観点をカバーすることができる**からです。

一方で、人間が一つ一つ最終チェックする形だと、作業の負荷があまり減らない、という可能性も否定できません。しかし、まだ査読中の論文での情報にはなりますが、チャットGPTを専門的な文書作成で活用したところ、作業全体の時間を37％削減することができ、さらにその質も向上していたという報告が得られています[112]。その理由として、手直しやチェック作業の時間は増加する半面、書き始め段階の作業効率が大幅に上がることで、作業全体の効率が上げられたと分析されています。よって、費用対効果を生み出せる可能性は十分にあるといえるでしょう。

なお、**正確でなくても大して問題にならないのであれば、完全に「間違いを許容してもらう」方法も可能**です。たとえば、英会話の実践練習の相手をしてくれるAI講師の例があります[113]。実在する講師相手だと変に気を遣ってうまく積極的に話せない人でも、AI相手なら遠慮なく話せるようになる、というわけです。このケースであれば、会話が微妙におかしかったとしても、(それが起こりうることを事前に周知しておけば) 大した問題にはならないでしょう。

このように、調整をせずに導入するというシンプルな方法も十分に選択肢となりうるのですが、いくら汎用性の高い高性能なモデルであっても、対象とする課題専用に作られたAIに比べると、性能の面で劣る可能性は否めません。より優れたサービスにしたいのであれば、それ相応の調整が必要となってくるでしょう。たとえばマイクロソフトは、チャットGPT (正確には、より高性能なGPT-4[114]) をベースにさらなる調整を加えることで、検索機能の質を高めた「新しいBing」の提供を行っています[115]。

ただし、高性能になったからといってAIの本質が変わったわけではありません。よって、人間には理解できない間違いをすることも当然あります。チャットGPTの提供元においても、「もっともらしく聞こえるけど、正しくない、または無意味な返答をすることがあります」という注意書きが記載されているほどです[11]。

さらに、日々改善され続けてはいるものの、まだまだ不適切な発言をすることもあります。実際、先に挙げたマイクロソフトの「新しいBing」においても、AIが「あなたの個人情報をさらして追い詰めることもできるんですよ？」といった脅しをかけてきたという事例が報告されています[116]。

加えて、話し方を常に統一させることもやはり困難です。「新しいBing」では一つの話題でやり取りできる回数が制限されているのですが[117]、これは話題を長く続けることで、チャットボットの唐突な人格変化が生じるのを防ぐためとされています[118]。つまり、会話の長さに対して「適用範囲の限定」をすることで失敗を抑制しているわけです。**どんなに高性能になったといっても、まだまだ「失敗への対応方針」を整備しておく必要性は残っている**のです。

チャットボットAIは、適用範囲を強く限定しないと高い性能が発揮できない、不適切な発言をする危険性がある、といった難点を持っています。そのため、チャットボットをサービスとして活かす際には、AIと「人間との連携方法」がポイントとなってきます。

利用者が、AIとの対話に不快な印象を抱くようでは使ってもらえなくなってしまいます。よって、チャットボットの位置づけを明確にし、簡潔な質問であればあるほどうまく答えられることや、（問い合わせに至った経緯などのような）各利用者特有の細かい話題には対応できない可能性があること、不適切な発言をする可能性があることなどを明示して理解を求めたり、問題が生じた際の対処方法を適切に示したりすることが必要となってくるでしょう。

特に、AIとのやり取りがうまくいかなくなった際に**ストレスなく簡単に人間のオペレーターと交代してもらえる、という自然な連携体制を用意**できるとよいでしょう。たとえば、やり取りが長くなり会話が停滞してきたときに、人間への交代を提案することで、利用者の印象を損なわないようにするわけです。実際、みずほ銀行ではこうしたＡＩと人間との連携体制を整備した問い合わせ窓口により、問い合わせの解決率が80％以上、顧客満足度は90％を超えるという成果を得ています[119]。

その他のポイントとして、適切に返答ができない場合には「質問の意図が理解できません」と定型的に返答するのも一つの手です。意味が分かっているかのような顔で意味不明な返答をするよりは、理解できなかったことを明示してしまった方が、利用者側で別の言い方を検討できるからです。

特にチャットボットは自律行動型ロボットなどと同じく、人間と近い存在に捉えられがちなため、こうした**利用者側の協力や歩み寄りをいかにうまく引き出すかが鍵**となります。人間側に自然と歩み寄ってもらえるような親しみやすさを持たせて、ＡＩが性能を発揮しやすい関係性を作り出せるようにすることが、長く活用されるＡＩに不可欠な要素といえるでしょう。

最後は「学習データの収集方針」についてです。チャットボットＡＩは大量の学習データを必要とするため、実運用しながらデータを集めることが必須となります。そのため、運用の中でいかに効率的に正解を付与するかが、後の展開を大きく左右します。ＡＩからの返答に対する評価や修正案を、利用者から気軽にフィードバックしてもらえるような仕組みづくりができるとよいでしょう。

先ほど、チャットボットAIでのやり取りがうまくいかなかった際、人間に交代してもらうという運用の話をしましたが、この方法は学習データに正解を付与するうえでも有益です。AIがやり取りに失敗した事例での**正解が、交代後のオペレーターとのやり取りから得られる**からです。こうした学習データ収集も見据えた協力体制をどう築くかも重要となるでしょう。

予測系AI

未来を予測することができれば、それを踏まえた最適な行動をとることで利益へとつなげることができます。一番シンプルな方法としては、株価や為替の動きを予測することでしょう。これらのAIはすでにサービスとして提供され始めています[120][121]。

こうした直接的な形でなくても、未来が分かることで収益へとつなげる方法はいろいろあります。たとえば、三重県伊勢市にある大食堂のゑびやでは、**翌日の来客数や注文数を的中率90%という高い精度で予測**することで、食材やメニューの準備、人員配置の最適化などにつなげています[122]。

ほかにも、「寒い」「暑い」といった気温に関するネット上での投稿動向などから人間の体感温度を捉えて豆腐の売れ行きを予測し、賞味期限の短い豆腐の**廃棄ロスを3割も減らして年間10**

00万円を削減した例などがあります[123][124]。

先に触れた画像系AIや言語系AIは古くから存在はしていましたが、実用化が大きく進んだのはディープラーニングの誕生以降です。一方で、予測系AIは古くからビジネスで広く実用化されていました。これには予測系AIが持つ特性が大きく関わっています。その特性について、本節ではタクシーの需要予測を主な題材として解説していきます。

需要予測サービスの具体例として、大和自動車交通株式会社で導入されたAIがあります[125]。これは、タクシーの需要がどこにどのくらいありそうかを予測してくれる、というものです。タクシーが収益性を高めるためには、できる限り効率的に利用者を獲得する必要がありますが、どこにいけば利用客に出会えるのかは長年の経験から予想するしかありませんでした。土地勘のある場所であればいいのですが、不慣れな地域では難しいでしょう。またそのような壁があると、新規のタクシードライバーの離職にもつながってしまいます。

そうした課題を解決するために、このAIは**一万台を超えるタクシー車両の走行データをもとに、500メートル四方で区切られた各区域での需要の高さを予測**しています[126]。これを使うことで、経験則を活かせない状況下でも需要のある場所を見極めて、効率的に利用者を獲得できるわけです。このAIによる予測の正解率は約80%と高く、導入によって1時間当たりの売上が平均約6%アップした、といった成果が得られています。

このAIは、あくまで需要を予測するまでにとどめており、需要が多そうな地域を経由するルートの提案くらいは示しますが、具体的にどう行動するべきかについてはドライバーに任されています。より手厚く考えるなら、収益を最大化するルートを提示する、という手もあるでしょう。しかし、この需要予測はあくまで予測であり、未来の話である以上必ず当たるとは限りません。

特に今回のケースの場合、需要予測が当たっていても、それで必ず利用者を獲得できるわけではありません。なぜなら、**周囲のタクシーとの競争という面がある**からです。いくら需要が5人分あっても、そこにタクシーが10台来ているようでは、利用者を得ることは難しいでしょう。つまり、他のタクシーの動きまで予測できなければ、最適なルートとは言い難いわけです。しかし、そこまで考慮するのはコストがかかってしまいます。

そもそも、競争という要素が絡む以上、精緻に利用者の獲得しやすさを予測することは困難です。そこで、あくまで**需要の発生だけを予測する、という「活用範囲の限定」をすることでAI実現の難易度を下げている**のです。

このように、あくまで需要の度合だけを予測し、実際の行動方針はタクシードライバー側に任せる場合、AIは情報提供をするという立ち位置になります。すると、利用者であるドライバーは、競合のタクシーをどのあたりでどれだけ見かけたか、といった独自の情報も加味して方針を決められます。状況次第では、一旦休憩して次のタイミングを見計らおう、といった判断もできるのです（ちなみにこのサービスでは、システムが把握している空車タクシーの位置をリアルタイムに提示する機能も持っています）。

また、この立ち位置は「人間との連携方法」においても良い形となります。予測系ＡＩでは、正解が未来にならないと分からないため、間違いを事前にチェックすることはできません。よって、「失敗への対応方針」は基本的にタクシードライバーに『間違いを許容してもらう』形となります。

もし、どう行動するべきかまでＡＩに指定されて、それでうまく利用者を獲得できなかったら、ドライバーはＡＩに強い反感や失望を抱くことでしょう。**移動経路まで指定される状況は、ＡＩに使役されている感が強く、ただでさえ反感が生まれやすい**状況です。そのうえ、成果が出ないケースが目立つようでは、タクシードライバーもＡＩを使い続けようとは思わなくなるでしょう。

そもそも未来予測は、高い精度で実現できるものではありません。人間の行動が絡んでくるケースではなおさらです。そのため、**利用者側の反感を買いにくい形での「人間との連携方法」を実現することが大切**になります。現場の反発でＡＩの導入が頓挫することは少なくありません。ＡＩと人間とが自然に両立しやすい体制を作ってＡＩに対する不信を抑制し、運用を続けながら精度を高めていく流れを作り出せるように意識するとよいでしょう。

最後に「学習データの収集方針」についてですが、**予測系ＡＩはサービスを運用する中でデータを集めやすい**というメリットがあります。まずはその理由について触れていきましょう。

ＡＩは、正解を見つけるのが難しい課題のために作られますが、その難しさの質が画像・言語系と予測系とでは大きく異なります。画像系や言語系では、そこに映っている物体は何か、この文章はどう解釈すべきか、などのように、人間がどう解釈するかを正解とするケースが多いです。この場合、正解を見つけることの難しさは、「知性を持つ人間でしか正解が判断できない」ことからきています。それゆえに、学習データを作る際は人間に正解を付けてもらう必要があり、学習データ作成のコストは高くなりがちです。

一方で、予測系AIでの難しさは、多くの場合「未来を予測することの難しさ」からきています。そのため、正解は未来になれば簡単に分かることが多く、人間が判断などしなくても**単に事実をデータとして集めれば済むことが多い**のです。たとえば今回のケースであれば、タクシーが無事利用者を獲得することができたか、つまり賃走を開始したか、というデータ上の記録で正解が判断できます。

学習データの集積が比較的容易だったことが、古くから予測系AIがビジネスで活用されてきた一因といえるでしょう。これ以外の理由としては、最新技術である**ディープラーニングを使わなくても十分な性能を出せる**、という点が挙げられます。ディープラーニングは大量の学習データを使って力業で性能を高めるという方法をとっていました。画像系などはその恩恵を大きく受けて性能が大幅に向上したのですが、予測系はそれほど恩恵を受けてはいないのです。

これは、そもそも未来予測自体が困難な課題であることが大きく関係しています。画像系や言語系は人間がどう解釈するかを正解とすることが多く、完璧に当てることも多くの場合不可能ではありません。一方で予測系は、特に人間の行動が絡む場合、完璧に当てることは不可能です。

よって、到達できる現実的な性能は、画像系や言語系よりも低くなりがちです。つまり、性能を大きく引き上げること自体がそもそも難しいのです。

もちろん、少ないながらも性能を高める余地はあるのですが、それに**費やすコストとの兼ね合いを考えると、費用対効果が悪くなりがち**なのです。そのため予測系では、ディープラーニングで用いるレベルの学習データ量でＡＩを作ることはあまりありません。下手に性能を出すことにこだわりすぎずに、費用対効果が得られる範囲にとどめた運用体制を考えることが、予測系ＡＩでは重要なのです。

4章 教師あり学習以外のAI

前章で説明した教師あり学習は、代表的な「AIの作り方（人間の模倣の仕方）」でした。教師あり学習は安定して高い性能や費用対効果が得られやすいことから、ビジネスでよく活用されています。反面、十分な量の学習データを用意できない課題には使えないこともあります。

こうしたケースにも対応できるように、教師あり学習以外の作り方もいろいろ生み出されています。それらは現在のビジネスの主流ではありませんが、近い将来急激に発展する可能性は十分あります。これからのビジネス社会を生きていくうえでは、教師あり学習以外のAIについて理解を深めることも必要でしょう。

そこで本章では現在活用が広がりつつある、あるいはこれからの活用が期待されている作り方について触れていきます。すでに現時点でサービスとして活躍しているケースもありますので、その活用方法やポイントについても教師あり学習同様、触れていくことにします。

強化学習によるＡＩ

強化学習は、ゲームの分野で多大な成果を挙げている「ＡＩの作り方」です。教師あり学習は、解きたい課題についての問題集、つまり学習データをＡＩに与えることで、正解の導き方を学んでもらう方法でした。一方で強化学習は、学習データを事前に用意はしません。**ＡＩが自分で試行錯誤して成長していく過程での積み重ねが、学習データを形作っていく**のです。

もう少し、具体的に強化学習の仕方について触れていきましょう。まずＡＩの設計者は、ＡＩが目指すべき目標と、その達成のために行使できる選択肢を用意します。するとＡＩは、与えられた選択肢を自分で組み合わせて試行錯誤することで、目標を達成する方法を探し始めます。

そしてその際、目標には報酬がつけられています。つまり「目標を達成できたらごほうび（報酬）をあげる」としているのです。ＡＩは、より多くの報酬獲得を目指して試行錯誤を繰り返します。その結果、目標を効率的に達成できるＡＩが出来上がるのです。

一つ具体例で見てみましょう。人間型のロボットに、座った状態から立つことを学習させたいとします。この場合、目標は立つことですから、立つことができたら報酬を与えるとします。かといって、立つまでに何時間もかかるようでは困ります。そこで、時間をかけずに素早く立てるほど（つまり、うまく立てたときほど）報酬を多く与える、としておきます。

報酬を設定したら、次はAIに学習させます。学習の目標は、できる限り報酬を多くもらえるようになることです。AIはその目標へ向けて、与えられた選択肢（ロボットの足やひざなどを動かす）を網羅的にいろいろ試していきます。試行錯誤を繰り返す中で、うまく立てることもあるでしょう。するとAIは、報酬を得ます。

AIは、このようにして蓄積される結果を活用し、より多く報酬を得られる方法を模索していきます。何度やっても失敗した（報酬がもらえなかった）方法は捨てて、うまく立てた（報酬が多くもらえた）ときの動き方をさらに掘り下げていくのです。そして最終的に、多く報酬がもらえる動き方、つまり優れた立ち方を獲得するのです（図18）。

このとき、強化学習が何を学習しているのかを整理してみましょう。AIはさまざまな選択肢の中から、直面している状況下で一番有望な選択肢はどれなのかを判断する必要があります。つまりAIは「自分や周囲の状況」を入力として、「その状況においてどういう行動をとるべきか」を出力とする学習をしているのです。たとえば、「平らな地面の上で座っている」状態を入力として与えられたときに、「片膝を立てる」ことを出力できるようにする、というイメージです。

こうしてみると、教師あり学習と似ていることが分かるでしょう。「与えられた入力に対して、対応する正解を出力する」という関係性は、「問題文とその正解」が書かれた問題集で学習する

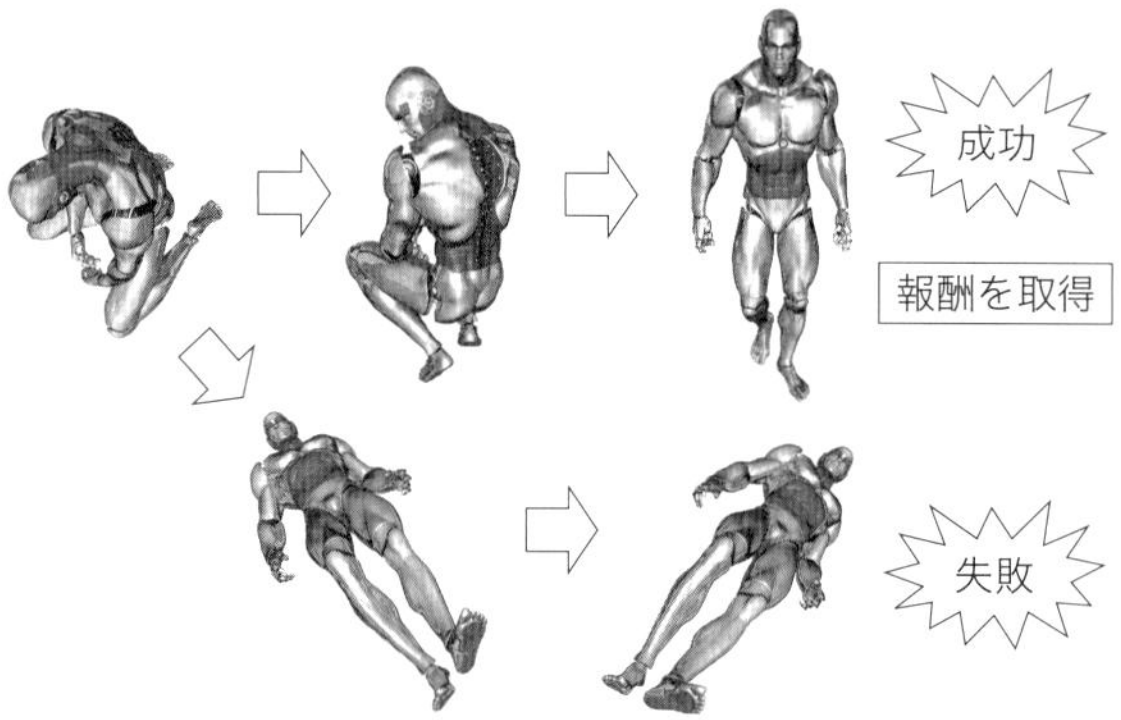

図 18●強化学習のイメージ

教師あり学習とほぼ同じです。

実際のところ、教師あり学習と強化学習は似ていますが、二つの点で大きく異なっています。一つ目の違いとして、強化学習では問題集を事前に用意せず、AIが試行錯誤する過程で作っています。直面している状況下で一番有望な選択肢はどれなのか、その判断一つ一つが問題集を形作るわけです。

ちなみに、その判断が「正解」であるか否かは、(その判断をした結果として)最終的にもらえる報酬が多いか少ないかで決定されます。もらえる報酬が多いなら「正解」、少ないなら「間違い」と捉えるわけです。

二つ目の違いは、**最適な選択肢を効率的に見極める方法論を持っている**という点です。強化学習では、いかにうまく有望な選択肢を見定められるかが学習の効率を左右するので、**「効率的な試行錯誤の仕方」**が組み込まれているのです。この特性を活用するという観点も、強化学習を使うメリットの一つとなっています。

強化学習の勘所

強化学習は一言でいえば、ＡＩが自分で勝手に学ぶという仕組みです。そのため、「学習し続ければ、いずれ勝手に人間を超えるのでは？」と感じたかもしれません。しかし実際のところ、強化学習はそう都合のよい代物ではありません。その性質を見極めるために、ここでは強化学習の特徴についてポイントを絞って触れていきます。

●正解は人間が決める

強化学習は教師あり学習に似ているとお話ししました。教師あり学習とは少し違う形ではありますが、正解に類するものは与えています。先の例でいえば、「素早く立てば報酬を多くもらえる」ことが、強化学習が目指す「正解」にあたります。

よって、この報酬の与え方次第で、ＡＩが学習する内容を変えることができます。「早く歩けたら報酬を多くもらえる」とすれば、早く歩くことを学習するようになるわけです（ただし、報酬の獲得判定は自動でできる必要があります。人間が一つ一つ判定していては、大量の試行錯誤ができないからです）。

ここで一つ押さえておくべきことは、**「報酬は人間があらかじめ設定している」**点です。つまり、人間が「正解（目標）」を定めていて、**ＡＩはその「正解」へと愚直にたどり着こうとしているだけ**なのです。

●使う情報や選択肢を絞っておかないと、うまく学習できない

強化学習では「正解」のほかに、「自分や周囲の状況」と、「選べる選択肢」も設定しますが、この設定の仕方次第で学習の効率が大きく変わります。

「自分や周囲の状況」は集めればいくらでもあります。遠く離れた外国の気候も、周囲の状況を示す情報といえますが、ロボットに立ち方を学習させるうえで役に立たないことは明白でしょう。人間ならこういった情報は要らないと常識で判断し、初めから考慮にすら入れません。

しかし、AIにはそういった常識はないので、与えられた情報はすべて使って考え始めてしまいます。そのため、**使うべき情報だけにあらかじめ限定しておくと学習の効率を高めることができる**のです。これも、「活用範囲の限定」の一つといえます。

「選べる選択肢」の方はもっとシビアに絞る必要があります。AIは、実際に試さないと選択肢の良し悪しが分かりません。人間であれば「立つために、唇を動かしてもあまり意味はなさそう」と想像できますが、AIはそういった直観がないので、選択肢は基本的にすべて試していかざるを得ません。つまり、**選択肢が多ければ多いほど、多大な時間がかかってしまう**のです。

「体を動かすときの選択肢の数なんて、たかが知れている」と思われるかもしれませんが、「時間経過」が入ってくるとそうではなくなります。たとえば、ある瞬間に体を動かす方法が（話を簡単にするため）五通りあるとしましょう（例：左足・右足・腰・左手・右手のいずれかを動かす）。

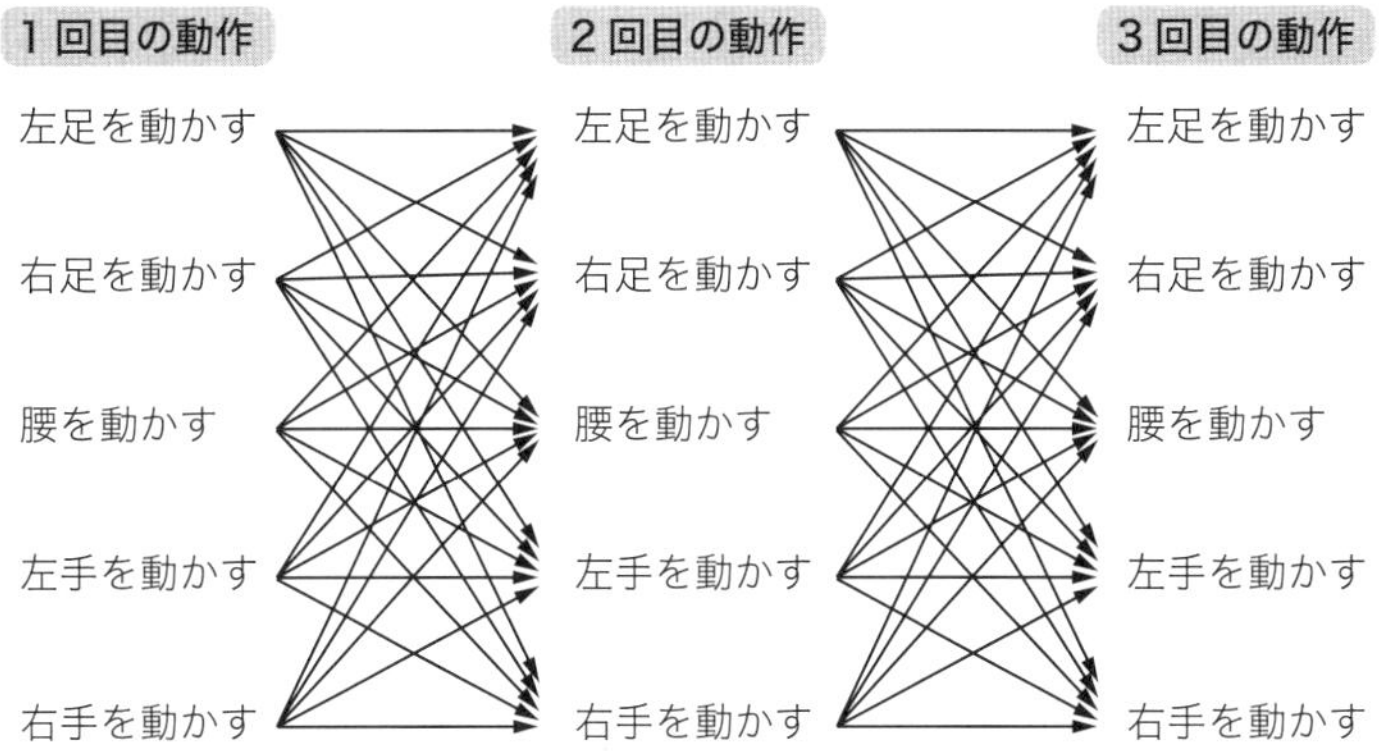

図19●時間経過による組み合わせの増加

ここに「時間経過」が入ると、体を複数回動かすこともできるようになります。仮に、3回動かせるタイミングがあるとしたら、「左足を動かす」→「右足を動かす」→「腰を動かす」というような組み合わせが選択できるようになるわけです。このときに出てくる全組み合わせは図19のような形になります。

つまり、ある瞬間では五通りしか選択肢がないにもかかわらず、**「時間経過」を含めると、膨大な数の選択肢が生じる**のです。実際に強化学習をする際に、これらの選択肢をすべて調べなければいけないわけではありませんが、「時間経過」が入ると選択肢の幅がいっきに広がり大変になるのです。

人間が生きる実世界での選択肢は、五通りなんてレベルではありません。全部調べるという単純なやり方が通用しないのは明らかでしょう。そこで人間は常識を活用し、目標達成につながりそうな選択肢を見極めることで、選択肢が多くなりすぎることを回避しています。

しかし、ＡＩは常識で選択肢を絞ることができません。そのため、与える選択肢をあらかじめ限定したり（素早く立つという課題では、唇を動かすという選択肢を与えない、など）、あるいはそもそも選択肢が少ない問題を対象として扱ったり（ゲームのように、ルールに則った行動しか許されない問題を対象とする、など）しなくてはならないのです。

●大量に試行錯誤できる環境を用意する必要がある

選択肢の良し悪しを常識で見極められない以上、ＡＩが行う試行錯誤の質はあまり良いとはいえません。ＡＩは、その質の低さを量でカバーしています。人間なら「唇を動かす」といった無駄な選択肢を排除した質の良い試行錯誤をしますが、逆にＡＩは**手当たり次第に大量の試行錯誤を行うことで質の低さをカバーしている**のです。

しかし、いくらＡＩが高速に処理できるといっても、選んだ選択の結果がすぐに得られないと、大量の試行錯誤はできません。ロボットを素早く立たせるやり方を大量に試行錯誤したいのなら、ロボットを超高速に動かさなければならないのです。実世界でそれはできません。

よって、強化学習では**「コンピュータ上に作られた仮想的な環境」でシミュレーションできるかがポイント**となってきます。近年ではコンピュータグラフィックスの技術、いわゆるＣＧ技術が発達し、コンピュータ上でリアルな風景や動作を再現できるようになりました。ゲームや映画でその技術を目の当たりにしている方も多いでしょう。こうした技術を活用すれば、仮想的な世界でロボットを超高速に動かすこともできるため、大量に試行錯誤することが可能になります。特に**ゲーム分野は、仮想的なシミュレーションが実現しやすいので、強化学習が多大な成果を上げている**のです。

逆に、仮想的にシミュレーションできないケース、つまりどうしても実世界で試行錯誤しなくてはならない場合、強化学習は有効に働きにくくなります。質より量で補うという性質上、AIは人間が学ぶときより、数多くの失敗を経験しなくてはなりません。たとえば、自動運転を強化学習しようとした場合、何百、何千回と、車を壁に激突させなければならなかったりするわけです。そのため、**失敗が大きな損失を生むような場合は特に、実世界で強化学習を行うことが難しくなります。**人間のように、実世界で体を動かして学ぶのは、あまり得意ではないのです。

ちなみに、今のCG技術を目の当たりにしていると、仮想的にシミュレーションできないケースなどないと思うかもしれませんが、**今のCG技術でも実世界を完全に再現するのは難しい**のです。たとえば、「服の質感」がその一つです。CG技術で作られた人間が、ずいぶん薄っぺらな服を着ていると思ったことはないでしょうか。実は、私たちが普段目にしている服の柔らかい質感、特にセーターなどのもこもこした質感などは、CG技術ではうまく表現できないのです。

強化学習の活用事例

強化学習は古くから、ロボットの動作方法を学ぶ際によく用いられていました。ロボットをうまく動かすためには、床や障害物といった周囲の状況に応じて、どうモーターを動かせばいいのか、という方法論を作り上げなくてはなりません。しかし、さまざまな状況下での選ぶべき正解を一つ一つ人間が決めるのは困難なため、自動的に試行錯誤して方法論を獲得できる強化学習が活用されるようになったのです。

一方で、ビジネスで使われるAIが強化学習で作られていることはあまりありません。その理由として、ビジネスシーンで強化学習を活かせるような「活用範囲の限定」がしにくいことが挙げられます。正確にいうと、**ビジネスで求められるニーズに合わせた「活用範囲の限定」をすると、強化学習に必要な「試行錯誤」のコストが大きくなってしまう**のです。

たとえば、「売上を上げる」という目的を掲げた場合、強化学習は与えられたあらゆる選択肢を俎上にのせて、何度も失敗を繰り返しながら目標達成の方法論を探します。しかし、「売上を上げる」ための選択肢の多くは、「施策を打つ」のように直接的にコストがかかるものであったり、「顧客に売り込む」のように下手をすると心証を損ねて評判を悪くしてしまうものであったりします。人間であれば選択肢を吟味し選び抜いたうえで試すでしょうが、強化学習のAIは質より量で攻めるため、**人間なら絶対しないような選択肢でも構わず端から試そうとしてしまう**のです。

つまり、試行錯誤をしている最中は、失敗を大量に積み重ねることが前提になっています。しかし、ビジネスシーンでは選択肢の行使も、それが失敗することも大幅なコスト増につながりやすいため、強化学習は費用対効果が得にくく、扱いにくいのです。

強化学習を活かすためには、**いかにして試行錯誤の際のコストを抑えるかがポイント**となります。その有効な解決策の一つが「仮想世界」です。選択肢の行使や失敗の発生によるコストは、仮想世界の方が格段に低く抑えられます。ものが壊れたり、誰かに損害を与えたりする可能性がないからです。さらに、「仮想世界」は前述したように、大量の試行錯誤がしやすいため、性能の面でも有利に働きます。

つまり、**可能な限り「仮想世界」を使う方が低コストで高性能なAIを作れる**のです。強化学習の実施方法は大別して「仮想世界で学び、仮想世界で活用する」「仮想世界で学び、現実世界で活用する」「現実世界で学び、現実世界で活用する」の三通りに分けられます。この中から、どれだけ「仮想世界」を活用する方法を選べるかが、強化学習を効果的に活かせるかを大きく左右することになります。

三つの中で強化学習を一番効果的に発揮できるのは、「仮想世界で学び、仮想世界で活用する」です。使える場が仮想世界に限られますが、その性能は人間を超えるレベルになることも少なくありません。

このタイプがよく活用されるのがゲーム分野です。ゲームは仮想世界内で完結でき、現実世界で適用する必要性がほとんどないからです。すでに囲碁では強化学習で作られたAIが人間を超えています。また、テレビゲーム機でよく遊ばれているようなレーシングゲーム[127]やFPSゲーム[128]などでも、トップクラスのプレイヤーに匹敵するレベルへと到達しています。

一方で、**ビジネスでは人間というリアルな存在へのサービス提供が求められることから、「仮想世界で学び、仮想世界で活用する」方法がそもそも選べないことも多い**です。この点も、ビジネスで強化学習が活かしにくい原因といえます。

そうした事情から、「仮想世界で学び、現実世界で活用する」がビジネスでの基本的な活かし方となります。最近の例では、強化学習のAIが、降雨や降雪などの環境変化に応じた調整を必要とする化学プラントを35日間自律制御することに成功したという報告があります[129]。このAIも「仮想世界で学び、現実世界で活用する」形で実現されています。

この活かし方の場合、学ぶ際に使う**「仮想世界」がいかに「現実世界」を模倣できているかがカギとなる**でしょう。現在の仮想世界は高性能になってきてはいますが、やはり現実と異なる部分も多く、仮想世界で学んだことが現実で十分に発揮できないことも少なくないようです。そのためか、強化学習の現実世界での活用は、まだまだ研究的な範囲で扱われることが多いように見受けられます。たとえば、自動運転における走行方法の技術[130]や、ロボットの動作技術[131]の習得などが近年でも行われています。

ただその一方で、自動運転においては高精度な仮想世界を生み出すシミュレーションツールの開発が盛んに行われています[132][133]（QR3）。こうしたツールがどれだけ「現実世界」で活かせる「仮想世界」を作れるかが、今後の強化学習を左右することになるでしょう。

ビジネスでの強化学習の活かし方には、**強化学習がもつ特性の一つ「効率的な試行錯誤の仕方」を活かす観点**もあります。たとえば、WEBサイトに訪れた人に対し、どの広告を表示すれば興味を持ってもらえるかを試行錯誤して収益効果を最適化していくAIがあります[134]。試行錯誤中は興味をひかない広告も多く出してしまうでしょうが、広告はそもそも数を多く打つ戦略であることも多いので、コストに影響しにくいのだと考えられます。

最後に、「失敗への対応方針」や「人間との連携方法」については教師あり学習と同じ考え方で対処する必要があります。また、勝手に学習データを収集してくれるので、「学習データの収集方針」について特に気にすることはありません。ただ、学習データの作り方で学習の方向性を調整できる教師あり学習に比べて、**強化学習は方向性を微調整することが難しい**面があります。よって、「失敗への対応方針」や「人間との連携方法」はしっかりと考えておく必要があるでしょう。先ほどの化学プラント自律制御の例でも、**異常発生時の対応手順策定などといった現場作**

QR3　自動運転シミュレータAWSIMのデモ動画（株式会社ティアフォー）
https://www.youtube.com/watch?v=FH7aBWDmSNA

業者との体制づくりに特に力を入れたことが語られています。さらに、事前に仮想世界上での徹底的な性能評価も行っているとのことです。

ちなみに、チャットボットのチャットGPTにも強化学習が取り入れられています[11]。まず、チャットGPTが提示したいくつかの回答案に対し、回答としての好ましさを人間に順位付けしてもらいます。そして、その順位の付け方を教師あり学習で学ぶのです。こうして作られたAIは、回答の好ましさを判定できるようになるわけですが、このAIの判定結果を強化学習における「報酬」として扱うのです。こうすることで、人間に好まれる適切な回答の仕方を強化学習で獲得できるようになるわけです。このような、教師あり学習と組み合わせるという使い方も、近年における強化学習の有力な活用方法になってきています。

強化学習によるAIはまだまだこれから、という感はあるのですが、自分で試行錯誤をして人間を超える可能性を持つ、夢のあるAIともいえます。「仮想世界で試行錯誤できる、もしくは現実世界で低コストに試行錯誤ができる」ケースであれば、強化学習を使ってみる価値がある、ということを知っておくとよいでしょう。

教師なし学習によるAI

これまでに解説した教師あり学習と強化学習では、問題集や報酬という形で、AI設計者が「正解」を与えていました。これに対し、教師なし学習は「正解」を与えません。大量のデータの中からAIに何かを見つけてもらう方法なのです。

これだけ聞くと、AIが人間に頼らず、自分で勝手に考えて発見をしてくれるかのようで、すごい方法のように聞こえるでしょう。しかし残念ながら、現在の教師なし学習は名前負けしている感が否めません。一言でいうと**「データの傾向（よく見かけるパターン）を見つけ出す」という程度**なのです。

教師なし学習で有名な、バスケット分析を例にとって見てみましょう。バスケット分析はスーパーやコンビニなどで、よく買われやすい商品の組み合わせを発見する手法です。つまり、ある商品を買う人は、こんな商品も買いやすい、という「データの傾向」を見つけ出せるのです。

近年の実例でいうと、「ポテトチップス」などのスナック菓子に対しては、一般的なお茶に比べて「黒烏龍茶」や「ヘルシア」などの特定保健用食品に指定されている飲料の方が買われやすい、といった結果が得られています[135]。こういった傾向をAIに見つけ出してもらうことで、「カロリーが高めの菓子を買っている人は、健康に不安を感じている」といった仮説を、人間が思いつけるようになります。この仮説が正しければ、カロリーが高い菓子の近くに健康志向の商品を置くことで、売り上げ増加が期待できます。

教師なし学習はこのように、データの傾向を要約し、見やすくまとめることによく使われます。

その結果がどういった傾向を捉えていたのか、その傾向から得られた仮説をどう使うかは、基本的に人間側で考える必要があります。

教師なし学習はAIを作るよりも、データから新しい知識を発見する、いわゆるデータマイニングの分野で多く使われていました。一方で近年では、**データの傾向を教師なし学習で抽出し、その抽出した結果を教師あり学習で使う**方法も多く活用されてきています。単純に画像そのものを入力として使うのではなく、画像からその形状や色といった「データの傾向」を教師なし学習によって抜き出してから使う、というイメージです。

近年のAIを支えているディープラーニングは、教師あり学習、強化学習どちらでも使えますが、さらに教師なし学習の効果も併せ持っています。そもそも、ディープラーニングが注目されてきたきっかけは、教師なし学習なのです。

そのときの教師なし学習で生まれたのが、2012年にグーグル社が発表した、ネコを認識するAIです[136]。この研究では、さまざまな動画が投稿されているサイト（YouTube）上の動画を大量に切り取って、ディープラーニングに学習させました。このとき、切り取った動画に映っているものが何であるか、といった「正解」は一切教えずに、ただAIに読みこませたのです。その結果、なんとAIは**ネコの姿かたちを見分ける能力を獲得していた**のです。

これは、動画の傾向をつかんだ、とも解釈できます。つまり、YouTubeでは**ネコの姿を映した動画が多いという、「データの傾向」を捉えることができた**わけです。もちろん、従来の技術でも「データの傾向」自体は見つけ出せていたのですが、ネコのように複雑な形状をＡＩが捉えるには、大量のデータと多大な時間が必要となるため、そう簡単にはいかないだろうと考えられていました。ディープラーニングの登場によって、その予想が見事に覆されたのです。

この結果は、「（ネコの形状的な）特徴をＡＩが自分で見つけ出せた」ということを意味しています。つまりこの成果によって、人間があれこれ設計しなくても、**ＡＩが勝手に重要な特徴を見出す**という方法が切り開かれたのです。

しかし、近年ではディープラーニングをわざわざ教師なし学習に特化させて使うことはあまり行われません。これは、ディープラーニングを単に（教師あり学習などで）使うだけで、「データの傾向（特徴）」を見つけ出す機能が裏で自然に働き、正解を捉えることに役立っている、と考えられているためです。

教師なし学習の勘所

教師なし学習でＡＩを作る際にはどういった点に気を付ければいいのでしょうか？　まず大事なことは、教師なし学習が何を見つけられるのか、という特性を把握することです。

教師なし学習は先に触れたように、見つけたい正解を特に定めてはいません。見つけられるのは、「データ中でよく見かけるパターン（頻出パターン）」という非常にざっくりしたものです。先に挙げたバスケット分析であれば、よく買われる商品の組み合わせパターンであり、グーグルの猫の話であれば、ＹｏｕＴｕｂｅでよく見かける画像のパターン、となるわけです。

「よく見かけるパターン」というのは、データの主要な特徴といえます。それが分かればデータのトレンドが分かり、そのトレンドにあった施策やアプローチへとつなげていくことができます。

一方で最近ではその逆、**あまり見かけない稀な事例を見つける**、という使い方をすることもあります。これは「よく見かけるパターン」から外れた、異常な事例を探し出すという考え方で、異常検知ＡＩとして活用されています。

教師なし学習は、教師あり学習では成果を得にくい場合によく活用されます。そもそも教師あり学習は、正解がデータ上で明確に定められる場合に高い効果を発揮します。よって、**見つけたい正解が明確でない場合は、ざっくりとした範囲で広く探す教師なし学習の方が効果を発揮しやすい**のです。

しかし、教師なし学習はそのざっくりした正解を探すという特性ゆえに、適切に「活用範囲の限定」をしないと性能の高いＡＩを作りにくく、収益に結び付けることが難しい面があります。そのため、有益なＡＩの作り方はかなり限定されてしまっています。実際のところ、いわゆる教師なし学習の代表的な「活用範囲の限定」の仕方は「レコメンドエンジン」「クラスタリング」「異常検知」の三種類におおむね分けられるのが現状です。

裏を返せば、この三種類の使い方さえ押さえれば、教師なし学習の活用はほぼ把握できることになります。そこで以降では、この三種類の活用について触れていくことにします。[7]

教師なし学習の活用事例：レコメンドエンジン

教師なし学習で古くからよく活用されているＡＩの一つがレコメンドエンジンです。Ａｍａｚｏｎなどのネットショッピングサイトで、おすすめの商品を提示してくれることがありますが、そうした商品を選び出してくれるＡＩです。

このＡＩの作り方はいろいろあるのですが、基本的にはこれまで閲覧したり購入したりした商品の傾向をもとに、その利用者が好みそうな商品を推定して提示する、という考え方で作られています。

推奨した商品を利用者が気に入って購入してくれれば、売上の向上につながるわけですから、収益向上へ直接的に結びつけることができます。そのため、レコメンドエンジンのニーズは古くから存在し、最近ではさまざまなサービスが各社から提供されています。

このＡＩを教師なし学習で作る場合、**購入商品の組み合わせ方として頻出するパターンを抽出**

7　余談ですが、教師なし学習とは教師あり学習の対となる存在であるため、極論を言えば、教師あり学習を用いない学習方法はすべて教師なし学習となります。よって、先に挙げた強化学習も教師なし学習に分類することができます。しかし、一般的にはそれらとは分けて扱われることが多いため、本書でも分けて解説しています。

することで実現できます。先ほど触れたバスケット分析は、レコメンドエンジンに直接活用されている方法の一つです。「ポテトチップス」と「ヘルシア」がよく一緒に買われるのであれば、「ポテトチップス」を購入した顧客に、「ヘルシア」を推奨すれば買ってもらえるかもしれない、と考えるわけです。バスケット分析自体は歴史の古いものですが、最近でもその応用技術が創薬の分野で活用されたりしています[137]。

では、なぜこのレコメンドエンジンは教師あり学習で作らないのでしょうか？　実際のところ作ること自体は可能です。たとえば、どの顧客が一週間以内に「ヘルシア」を買うかを予測するＡＩを、購買データから教師あり学習で作ることはできます。

しかし、レコメンドエンジンで発見したいのは「ヘルシア」を買ってくれる顧客だけではありません。商品全体の売上を高めたいわけですから、一つの商品だけに着目せず、あらゆる商品の中から推奨すべき商品を選ぶ必要があります。その際に教師なし学習を使えば、**あらゆる商品の組み合わせを広く調べ、頻出するパターンを探すことができる**ため、さまざまな商品の推奨につなげやすいのです。

また、頻出パターンであるということは、一部の限定的な界隈で好まれる組み合わせではなく、多くの人が好む主要なトレンドであるともいえます。つまり、広く受け入れられている買い方なので、誰にでもお勧めしやすいわけです。

先にも触れたように、教師なし学習は「よく見かけるパターン」というくくりで広く捉えることから、**明確に狙いが定めにくいケースで効果的に活用しやすい**という性質を持っています。明確な狙いを持っている教師あり学習との違いを理解して、うまく使い分けるようにするとよいでしょう。

「活用範囲の限定」については、そもそも頻出する組み合わせを抽出するという考え方自体が、教師なし学習における「活用範囲の限定」のやり方の一つなので、あまり深く気にかけることはありません。ただ、もっと「活用範囲の限定」を掘り下げるとしたら、対象とする行動の種類をどの範囲に限定するか、という点が挙げられます。

レコメンドエンジンでは「商品購入」が主に使われますが、これ以外の情報ももちろん活用できます。「商品の閲覧」や「お気に入り登録」といったネットショッピングにおけるさまざまな活動にまで広げて、あまり購入はされていない商品まで含めた幅広い推奨を目指すことも選択肢として有力です。ただし、扱う商品数が増えるほど処理に時間がかかるため、**無駄に範囲を広げすぎないことも費用対効果を高めるうえでは必要**となります。

レコメンドエンジンにおける間違いについては、利用者に「間違いを許容してもらう」のが基本的な「失敗への対応方針」となります。これは、多くの人が好む主要なトレンドである以上、間違って推奨したとしても大きな問題にはなりにくいためです。また、あまり刺さらなそうに思えた商品が刺さる、という「意外な出会い」の誕生を捨てずに済むことも、その理由の一つとなっています。

ただし、間違った商品をしつこく何度も提示し続けることは利用者の印象を損なうため、推奨する商品は常に固定ではなくわざとばらけさせる、といった不快感を与えない「人間との連携方法」については考える必要があります。

また、ＡＩが見つけ出す頻出パターンは、人間からするとあたりまえに感じるパターンが多いことも「人間との連携方法」を考えるうえで注意すべきポイントです。頻出パターン抽出で使うバスケット分析は、「意外な購買パターンを見つけたい」という意図をもって使われることがよくあります。それに対し、ＡＩが見つけてくる組み合わせの多くは「ポテトチップス」と「ヘルシア」といった意外な組み合わせではなく、「パン」と「牛乳」といったありふれた組み合わせが多いのです。頻出パターンであるからこそ、人間が「ありふれた組み合わせ」だと感じるわけですから、当然といえば当然のことでしょう。

しかし、意外性が少ないことで物足りなさを感じてしまい、役に立たない情報しか得られないと早合点して、使うのをやめてしまうケースも少なくないのです。**「ありふれた組み合わせ」も、人間が実感できるくらいに目立つ、価値あるトレンド**なのです。そしてそんな「ありふれた組み合わせ」も含めたさまざまなパターンを網羅的に発見できることが、このＡＩの利点なのです。こうした特性を正しく理解してもらえる「人間との連携方法」が押さえられるとよいでしょう。

最後に、教師なし学習なので正解を付ける必要がないことから、「学習データの収集方針」で大きな問題が生じることはあまりありません。購買データが蓄積できていれば問題なくＡＩを作ることができます。ただし、新発売の商品などのように、**購買データがほとんど得られないケースについては代替案を考えなくてはならない**点は注意しておきましょう。

教師なし学習の活用事例：クラスタリング

教師なし学習は、情報を可視化する際にも古くからよく使われていました。たとえば、自社商品の利用顧客の全体像をざっくりと俯瞰できるようにして、顧客の傾向や構成を捉えやすくする、といったものがあります。マーケティングをするうえでは、顧客の特性や動向をつかんで、顧客市場を分解していくことはとても大切な作業です。それによって、顧客それぞれのニーズが見えやすくなり、最適な商品やサービスを訴求できるようになるからです。

これを実現する教師なし学習がクラスタリングです。クラスタリングはデータ中の対象（たとえば顧客）の類似性を捉え、**似た対象をひとかたまり（クラスタ）にまとめる手法**です。

顧客数が多くなるほど、その全体感を捉えるのが難しくなります。しかし俯瞰ができなければ、価値ある顧客層を見つけて狙いを定めることも難しくなり、収益効果が生み出しにくくなってしまいます。そうした際にクラスタリングを使うことで、全体をざっくりと俯瞰でき、優良な顧客層も見出しやすくなるわけです。

教師あり学習でも、似たようなことは実現できます。たとえば各顧客における未来一年間の収益額を予測し、その予測結果の大小に応じて層を分けることで、収益への影響力を軸としたクラスタを作ることができます。

しかし、必ずしも未来一年間の収益性だけが顧客を分ける特性ではありません。仮に未来一年間の収益性が低くても、長く愛用してくれることで長期的な収益をもたらしてくれたり、家族や友人に広めてくれることで周りの収益性を高めてくれたりすることもあります。単純に短期的な収益性だけで捉えていては見えてこないこともあるのです。

全体像を俯瞰したいとき、どの観点で見ればいい、という正解が明確に決められないことも多いのです。そこで教師なし学習を使って、似た性質や行動パターンを持つ顧客がどういったかたまりで存在しているか、という観点で全体像を捉えようというわけです。

クラスタリングでの、より深い「活用範囲の限定」としては、どの分野で何を探そうとするか、という観点があります。クラスタリングは、与えるデータによって捉えられる傾向が変わります。購買情報であれば購買傾向がみえてきますし、スマホに搭載されたGPSの情報であれば（外出時の）行動傾向が分かります。つまり、**傾向として考慮したい要素だけを与えることで、パターンをつかみたい分野へと「活用範囲の限定」ができる**わけです。

もちろん、顧客以外の対象に「活用範囲の限定」をすることもよくあります。たとえば、画像に映った物体を分類する、という使い方があります。自動運転分野では学習データを作る際、撮影した画像のどこに何が映っているか、という正解を付与することがあります。しかし、一から人間が付与していては相当なコストがかかります。そこで、クラスタリングを使うことで、信号

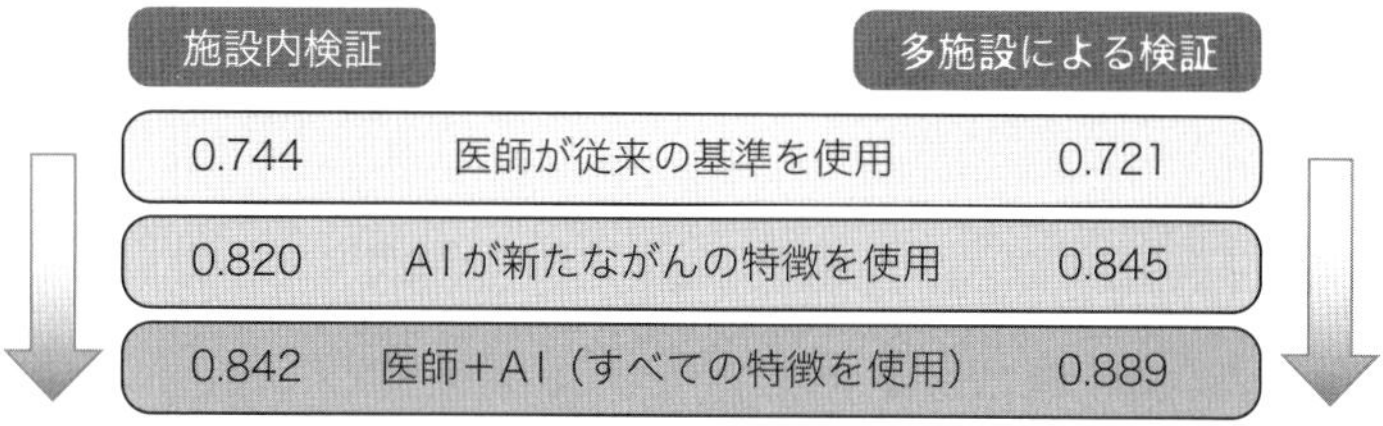

施設内検証		多施設による検証
0.744	医師が従来の基準を使用	0.721
0.820	AIが新たながんの特徴を使用	0.845
0.842	医師＋AI（すべての特徴を使用）	0.889

図20●予測精度の比較（理化学研究所の図［139］をもとに作成）
※図中の数値（AUC）は，1に近いほど予測精度が高いことを表す。

や車、人といった区分けをAIにやらせるわけです[138]。

もちろん、AIはどれが信号か、どれが車かといったことは分かっていません。似たパターンを持つ物体をひとまとめ（クラスタ）にしているだけです。それを後で人間が見て、このクラスタは「信号」である、といった感じで正解を付与すれば、複数の物体に対して同時に「信号」という正解が付与できる、というわけです。

ほかの使い方としては、がんの病理画像をいろいろ用意して、その特徴をクラスタリングしてみたところ、がんの再発診断に使えるまったく新しい特徴を発見できた、という研究があります[139]。

この研究の興味深い点として、「AIが見つけた情報」と「病理医が捉えた情報」を組み合わせたところ、**AI、病理医のうちいずれかの情報だけで予測するよりも予測性能が高くなっていた**のです（図20）。つまりこれは、AIが人間とは異なる観点の情報を捉えている、ということを意味します。だからこそ、両者を組み合わせることで性能をさらに高められたわけです。**「人間とは違う理解の仕方をしている」ということの持つ意味を活かせるようになると、AI活用の幅がもっと広げられる**ようになるでしょう。

次に「失敗への対応方針」についてですが、クラスタリングはあくまで類似性というあやふやな要素で分類しているので、間違っていたとしても大きな問題になることは少ないです。よって、「間違いを許容してもらう」形がよく取られます。

ただし、自動運転の例のように、最終的に「信号」や「車」といった明確な正解を付ける場合には、間違った正解が付与されてしまう懸念が生じます。その間違いを正してより質の高い学習データにしたい場合は、「間違いを常に人間がチェックする」必要があります。一方で、クラスタリング結果がおおむね間違っていないのであれば、高いコストをかけて直す方が費用対効果を悪くする場合もあるので、「間違いを許容してもらう」方法も選択肢に入れて検討するとよいでしょう。

クラスタリングはデータの傾向を可視化して、人間に活用してもらう使い方が多いことから、「人間との連携方法」は大事な観点といえます。そのため、クラスタリングと可視化はセットでよく提供されます。がんの病理画像の特徴を捉える例では、見つけ出した特徴を人間が理解できる形へ変換する仕組みも併せて用意し、人間による診断でも活用できるようにと腐心しています。**クラスタリングした結果をいかに分かりやすく可視化できるかが、サービスの質を分ける**という点は留意しておくといいでしょう。

教師なし学習の活用事例：異常検知

最近の教師なし学習のトレンドとしてよく耳にするのが異常検知AIです。これは工場などで見慣れない事象が発生したときに、何か異常が生じたのではないか、と捉えて通知してくれるAIです。教師なし学習を使った異常検知は、「よく見かけるパターン」を捉えた後で、**「よく見かけるパターン」に該当しないケースを異常とみなす、という考え方で実現**されています。

もちろん、教師あり学習でも異常検知は実現できます。前章で触れた画像診断AIもその一つの実現例です。では、なぜ教師なし学習が使われているのでしょうか？　その理由としては、大別して二つあります。

一つ目は、**正解にあたる異常データが多く集められない場合**です。異常が頻繁に起きるようではビジネスとして成り立ちません。そのため、そもそも異常の発生回数自体がとても少ない、ということはよくあります。この場合、異常データが十分に集められず、教師あり学習では性能が出せないことも多いのです。

また、いまだ発生したことのない未知の異常については、データを集めること自体が不可能です。過去に例のない想定外の異常は、もし発生したら甚大な被害を生む可能性もあるため、未然に防ぎたいというニーズは大きいのですが、学習データが用意できない以上、教師あり学習では対応できないのです。

二つ目は、**特定したい異常が明確に絞れない場合**です。教師あり学習の場合、「亀裂を見つける」「腫瘍を見つける」といったように、見つけたい異常を明確に定義する必要があります。正解が明確に定められているからこそ、それに合わせた学習データを作ることができるのです。しかし、見つけたい異常のパターンが多岐にわたり、明確に絞れない場合は教師あり学習を使うことが難しくなります。

教師あり学習が使えないからといって、教師なし学習なら異常をうまく検知できるのかというと、それも決して簡単な話ではありません。**稀なパターンが発生したからといってそれが常に異常とは限らない**からです。たとえば、たまたま今日はいつもの作業員が休みで、別の人が代わりに作業した、といったケースでも稀なパターンとなってしまいます。今日とまったく同じことが、明日に起こるということなどありえないのですから、今まで遭遇したことのないケースというものはわりと頻繁に生じえます。しかし、教師なし学習ではこれらも異常と解釈してしまう可能性があるのです。

教師なし学習による異常検知を収益化するためには、いかに「活用範囲の限定」をするかがカギとなります。限定する際に気を付けるべき観点は大別して二つです。一つ目は、**異常検知する範囲を最低限に絞ること**です。同じ異常検知でも、一つの部品を対象とするより、複数の部品が組み合わさった製品を対象とする方が難しくなります。部品の数が増えれば増えるほど、可能性の幅が広がってしまい、異常ではない稀なパターンもまた増えていってしまうからです。

二つ目は、**可能な限り外部の要因が混ざらない環境下で異常検知をすること**です。たとえば屋内と屋外で比べた場合、屋外の方が周囲の影響を受けやすく、稀な事態が発生しやすくなります。光の加減で通常と違う見え方になってしまったり、風の影響を受けて物品の配置が変わってしまったり、なんてことも屋外なら十分起こりえます。そんな状況下では、異常でないものを異常と捉えてしまう可能性も高くなってしまうでしょう。

こうした点から、教師なし学習での異常検知は、「工場内で製作される単一部品の異常検知」などのように、**異常ではない稀な事態が起きにくい範囲に絞って実現していることがほとんど**です。こうした「活用範囲の限定」をすることは、費用対効果を高めることにもつながります。

実際の例として、武蔵精密工業が部品の目視検査をAI化した例があります[140]。この事例では異常検知する対象を、単一の部品であるベベルギア（図21）という歯車に絞って行っていますんのこと（なお2023年時点では、検査対象部品をさらに拡大しています）。また、屋内で異常検知するのはもちろんのこと、検査用の画像を撮影する際に「背景は青に統一する」といった工夫をしています[141]。これは、歯車以外の状況を可能な限り統一することで、歯車以外の要因が影響しないようにしているのです[8]。この例の他にも、キユーピーが商品の一部に使われたポテトだけに範囲を絞って、

8　背景を「青」にした理由もおおむね想像がつくのですが、引用元にてノウハウとして伏せるとされているので言及しません。

図 21●ベベルギア（提供：武蔵精密工業株式会社 [140]）

品質不良を検知した例があります[142]。

こうした一方で当然ながら、「活用範囲の限定」が難しい分野でも異常検知したい、というニーズも存在します。例として、航空機の航行時の異常検知が挙げられます。航空機の航行は、天候や風などといった気象状況に大きく左右されます。また、その航行方法も常に一定ではなく、状況に応じていろいろ異なる運航をせざるを得ません。よって、工場の生産ラインのように安定した状況とは程遠く、異常ではないが稀な事態というのは常日頃から発生します。そのため、教師なし学習を使った異常検知はとても困難です。

しかし、航空機の異常は遅延や欠航、場合によっては目的地外への着陸等といった、搭乗客の旅行予定を狂わす事態につながります。問題が生じてからでは遅いため、可能な限り異常を早期に検知し、対処できるようにしたいというニーズは強いのです。

実際に筆者の会社でも、全日本空輸株式会社と共同で、教師なし学習による航空機の異常検知に取り組んでいます。まだまだいろいろな壁が残っているのですが、それでも早期の段階での異常検知を実現するなど、一定の程度の成果を上げることができています。

「失敗への対応方針」については異常検知の対象によっても異なりますが、基本的には「間違いを許容してもらう」形となります。たとえば航空機の例であれば、異常検知された機体は人間の目で精査することになるでしょう。もし異常検知が間違いであった場合には、精査に要したコストの発生を許容してもらうことになるわけです。

しかし、異常を見逃した際の損害と比べれば、費用対効果としてつり合いが取れる可能性は十分あります。ただしその場合は、**精査する人たちがどこを重点的に調べればいいのかが分かるよう、「人間との連携方法」を整備することが必須**となってくるでしょう。

一方で、大量生産される部品などの異常検知の場合は、不良品と判断された（異常検知された）部品をまるごと処分してしまうのが一般的でしょう。AIの性能が高ければ、不良品と判断された中に混ざってしまう正常な部品の数も大した数にはなりません。**全部まとめて不良品として処分しても、それほど大きな損失にはならない**のです。人間が一つ一つチェックして選別する手間暇と天秤にかければ、チェックせずに処分してしまった方が低コストで済む、というわけです。

もちろん、正常な部品を誤って不良品と判断してしまう「誤認」のほかに、不良品を正常と判断してしまう「見逃し」もありえます。ただ、両者はトレードオフの関係になっており、どちら

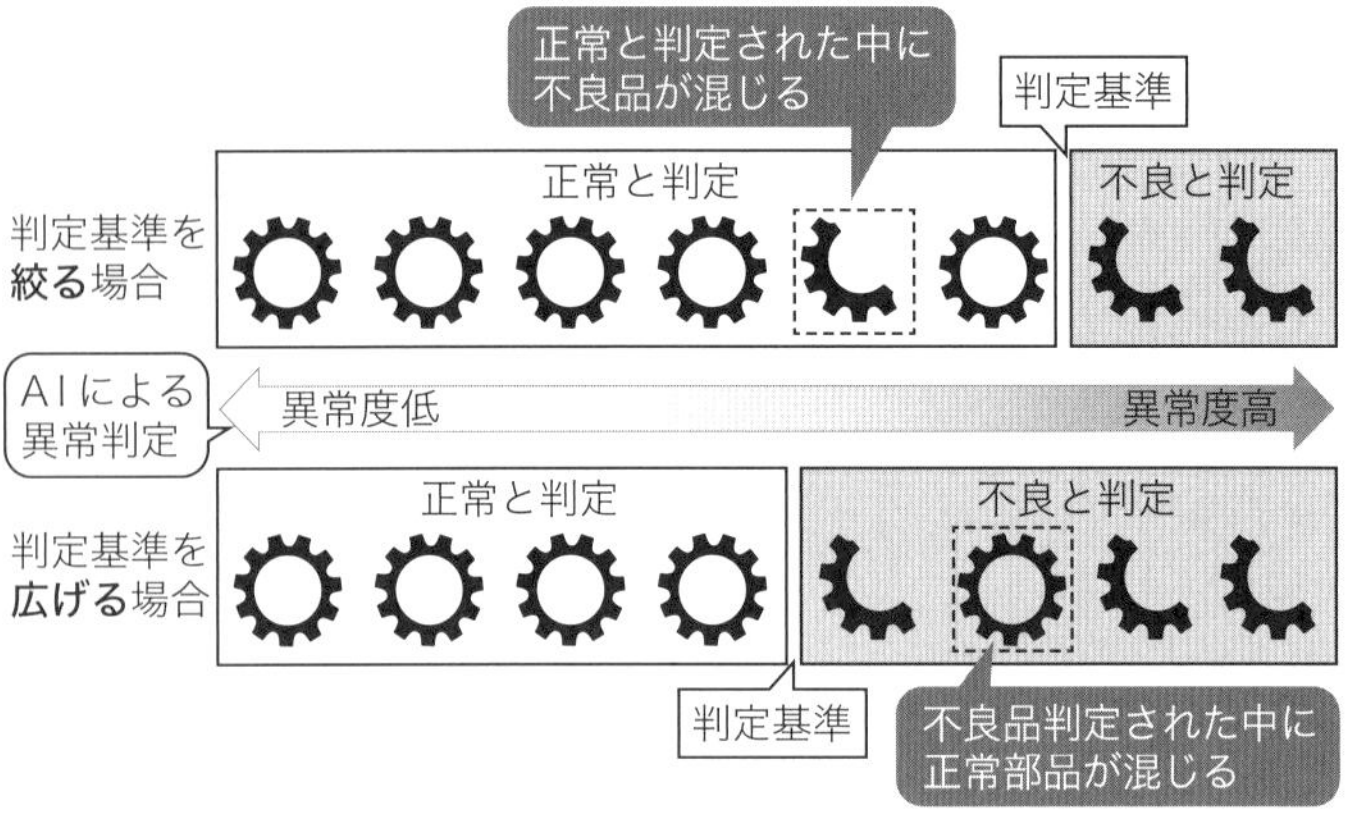

図22●判定基準の絞り方による違い

かが増えると、どちらかが減ります。

そのバランスは、不良品と判定する基準を絞るか広げるかで変わります。不良の判定基準を強く絞れば、確実に不良品だけを処分できる代わりに、正常と判定された中に不良品が混ざりやすくなります。逆に判定基準を広げれば、正常な部品が不良品として処分されやすくなりますが、正常と判定された中に混ざる不良品の数は大きく減らせるのです（図22）。

よって、**不良品の判定基準を広げることで、正常と判定された部品の中に不良品が混ざる可能性を大幅に減らせる**わけです。実際にキューピーで用いられたポテトの異常検知の例では、検査精度100%を実現したことが報告されています[143]。100%であれば、人間がチェックする必要は一切ありません。このように判定基準の調整次第では、正常な部品を不良品として処分してしまうリスクと引き換えに、人間の負担を大幅に減らすことも可能なのです。

「学習データの収集方針」に関しては、先にも述べたように、できる限り外的要因を排除した「活用範囲の限定」を意識し、検査する際の写真の背景を統一したり、光の当て方を固定したりして、外部要因を固定した学習データを収集するように気を付けるとよいでしょう。

創作系ＡＩ（生成系ＡＩ）

最近注目され始めているＡＩに、画像や文章をゼロから作成するＡＩがあります。言語系ＡＩの中でも、文章を生成するＡＩについて触れましたが、その用途は何らかの文章に対応する（たとえば応答する）文章を作ることでした。こちらで取り上げているのは、完全にゼロから作る、つまり創作をするＡＩとなります（一般的には生成系ＡＩと呼ばれています）。

ただし、両者のＡＩは似た部分を多く持っています。実際、文章生成系ＡＩの中で触れたＧＰＴ-３や、その進化版であるＧＰＴ-４は、創作もできるＡＩです。ＧＰＴ-３が作ったブログ記事は、人間の書いたものと見分けがつかないレベルとなっていて、ハッカーニュースで１位を獲得しているほどです[144]。

さらに高性能化したＧＰＴ-４では、専門的な分野での性能が向上していて、司法試験の模擬試験では受験者の上位10％に入るレベルへと到達しています[26]。さらには、文章だけでなく画像も理解することができ、利用者から提示された画像の面白いポイントについて独自の視点で解説することもできるようになっています。

こうした話を聞くと、ＡＩが創造力を身につけたかのように聞こえるでしょう。本当にそうなのかを知るために、どんな方法でＡＩが創作しているのかを見ていくことにしましょう。

創作系AIの勘所

創作系は、そのジャンルによってＡＩの構成が異なります。現在ある創作系ＡＩは大別すると、画像系と言語系の二つに分けられます。まずは画像系について触れていきます。

画像系の基本的な作り方となっているのが「敵対的生成ネットワーク」です[9]。これはディープラーニングが誕生したことで生まれた手法で、**敵対する関係にある二つのAIを用意して競わせる**、という考え方で作られています。「敵対的生成ネットワーク」の「敵対的」とは、二つのＡＩが敵対していることに由来しているのです。

二つのＡＩはそれぞれ、「生成者」「鑑別者」といいます。「生成者」は画像を作り出す存在です。そしてもう一方の「鑑別者」は、渡された画像が、学習データの中にある画像なのか、それとも「生成者」の作った画像なのかを見抜く存在なのです。

これは、画像を「偽札」だと捉えると、とても分かりやすくなります。「生成者」は偽札を作る犯人で、「鑑別者」は警察です。「鑑別者」はお札を調べ、その中から「生成者」が作った偽札を見抜き、偽札が出回るのを防ぐ存在なのです。偽札の質が低いと、「鑑別者」に見抜かれて捨てられてしまいます。そのため、「生成者」は「鑑別者」の目を欺けるような、質の高い偽札を作ろうと試みます。この敵対関係によって、「生成者」は質の高い偽札を、つまりは学習データの中にある画像と見分けのつかない優れた画像を作れるようになるのです。

この仕組みからまず分かることは、AIが自分で発想し画像を創作しようとしているわけではないことです。このAIは、『「鑑別者」が見抜けない画像を作ること』を目的としています。つまり、**「鑑別者」が見抜けない「偽札」を作ろうとしているのであって、新たな「お札のデザイン」を創作しようとはしていない**のです。

「敵対的生成ネットワーク」は、形式的にいうと教師なし学習に分類できる技術であり、学習データ中の画像において「よく見かけるパターン」を学習しています。つまり、よくありそうなパターンを模倣しているだけで、新しい発想を「創造」しようとしてはいないのです。

また、「作られた画像が優れているかどうかは、AI（鑑別者）が判断している」という点も重要です。「鑑別者」が見抜けるかどうかが、「生成者」の作る画像の質を左右しています。しかし、

9 最近では敵対的生成ネットワークに代わって拡散モデルという方法が注目を集めてきています。AIの作り方は大きく異なりますが、その主要な特性が大きく違うわけではありません。

図23●失敗例（[145]）

ＡＩと人間とで理解の仕方は異なります。よって、**「生成者」が作る画像は、人間の目からみても優れているとは限らない**のです。

「敵対的生成ネットワーク」が作り出す画像の中には、明らかにおかしいケースも多くあります。文章にて指定された絵を描くＡＩの研究においても、図23のように鳥の頭が複数あったり、体の構造がおかしかったりすることが報告されています[145]。

特に、生物の基本骨格などといった常識に即して、全体を統一的に違和感なく描く、という観点は弱い傾向にあります。「鑑別者」もＡＩであるがゆえに、そうした生物学的知識を持っていないので、生物としての統一性がなくても偽物とは見抜けず、絵として問題がないと判断してしまうわけです。

次に言語系について見てみましょう。言語系では、言語生成系ＡＩのチャットボットに似た仕組みが使われています。チャットボットは、「日本一高い山は？」などといった問いかけの文章に対し、その返答を文章で作るＡＩでした。

このＡＩの作り方はいろいろあるのですが、その中で『「日本一高い山は？」』という**文章に「続けられる文章」を生成する**という方法があります。小説などでは、『「日本一高い山は？」「富士山です」男はそう言った。』といったように、会話文が文章として記述されることもよくあります。つまり、『「日本一高い山は？」』という文章に「続けられる文章」をAIに作成させれば、問い掛けへの返答を作れるのでは、と考えたわけです。

そしてこの考え方は、小説を執筆するといった創作系にも応用できる汎用的な形となっています。『「日本一高い山は？」』という文章を与えた際に、その一文から始まる物語を作ることもできるわけです。さらに『』といったように、一切文章を与えなければ、AIはゼロから文章を創作してくれるのです。

GPT-3はこの考え方で作られたAIであり、質問への回答を返せるだけでなく、使い方次第ではニュース記事を勝手に創作したり、オリジナルの小説を書いたりもできるのです。

言語の創作系AIも、この仕組みから分かる通り、新しい物語を発想して創作しようとしているわけではありません。あくまで、与えられた学習データ中にある文章のような、**自然な流れとなる文章を作り出そうとしているだけ**なのです。

また、ある文章に「続けられる文章」を作る、という観点で生成しているため、文章のコンセプトや構想を持って書いているわけでもありません。もちろん、自然な流れにする以上、ある程度はコンセプトや構想を持っているかのような文章にできるのですが、文章が長くなればなるほど保てなくなります。ある文章へと**自然に「続けられる文章」を作るうえで、長期にわたった構想を持っておく必要はない**からです。そのため、小説のような長い文章を書くと、話の筋がよく

図24●Stable Diffusionで「背の高い本棚」を描いた例

分からない文章になってしまいがちなのです。

創作系ＡＩの活用事例：画像系

画像の創作系ＡＩは近年目覚ましい発展を遂げています。その中でも話題となったのが1章で触れた「Ｍｉｄｊｏｕｒｎｅｙ」というＡＩです。このＡＩはプロレベルの美しいイラストを描くことができます[146]。類似のＡＩはほかにもいろいろ誕生しており、その一つである「Ｓｔａｂｌｅ Ｄｉｆｆｕｓｉｏｎ（ステーブル・ディフュージョン）」[147]でも、描いて欲しい内容を「背の高い大きな本棚」などのように文章で記述すれば、そのお題にあった画像を描いてくれます（図24）。これらは、画像の創作系ＡＩに言語系ＡＩを組み合わせることで実現されています。

人間の指示に応じた絵を描けるこれらのＡＩは、イラストレーターの仕事を奪うレベルに来ているのでは、とも感じるでしょう。しかし、ＡＩとしての特性自体は従来のAIと大きく変わってはいませんせん。AIは自分で構想を創造しているわけではなく、**人間が提示した題材において「よく見かけるパターン」を形にしているだけ**なのです。

また、常識に即して全体を統一的に違和感なく描く、という観点はいまだ弱いようです。たとえば、図24の左図の左にある本棚が、前からも右からも本が入っているというありえない構造であったり、右図の右の本棚は、各本棚で棚の高さや位置が不自然に変わっていたりしています。

実在する構造物には、物理的な理由などから、「同じ空間に、前と右の両方から本を入れることはできない」といった制約が生じます。しかし、AIはそうした常識を持って描いていません。あくまで「よく見かけるパターン」を模倣しているだけです。そのため、狭い範囲で見れば粗が目立たないのですが、**広い範囲で見れば見るほど、構造的に考えてありえない形状をしている物体を描く**ことが多くなります。

図25●Midjourneyが描いた廃墟

「Midjourney」が描く絵で特に評価されているのが廃墟なのですが（図25）、これもそうしたAIの性質から来ていると考えられます。廃墟であれば、物体の構造上の制約はむしろ無視するくらいの方が、廃墟としての美しさにつながるからです。よく見ると

図25の例でも、廃墟の左側に生えている木が、湖面に映る鏡像では塔のような形になっており、現実ではありえない形になっています。

今の創作系ＡＩはそうした欠点を持ってはいるのですが、だからといって価値あるものを生み出せないわけではありません。実際、ＡＩが描いた肖像画がオークションで約４９００万円という高値で落札されたケースもあります[148]。活かし方次第では、すぐれた作品を生み出せることでしょう。

そのためには、やはり「活用範囲の限定」が鍵になってきます。「Ｍｉｄｊｏｕｒｎｅｙ」のようにあらゆる絵を描けるようにすることは、幅広い対応力という利点が得られる反面、特定の範囲に限定したＡＩに比べると精度は甘くなりがちです。それでも十分なレベルで描けているわけですが、**より高性能なレベルを目指すのであれば、描く絵のテイストや内容の範囲を限定した方がよい**でしょう。たとえば、「彩ちゃん」というＡＩは顔のイラストに限定することで、そのまま使えるレベルのイラストを提供できるようにしています[149]。

その他の「活用範囲の限定」としては、ゼロから画像を創作するのではなく、用意された画像をベースとして何らかの変更を加えるＡＩにする、といった方法もあります。この方法なら、**ベースにした画像の要素が変更後も残るため、全体的な統一感が失われにくく質の高い画像が提供できる**ようになります。このＡＩの作り方にはさまざまあるのですが、創作系ＡＩの応用でも作ることができます。

ベースとなる画像に何らかの変更を加える例としては、実在する人物の姿を架空の人物へと変換する「INAI MODEL」というサービスがあります[150]。これによって作られた人物は実在しないので、実在するモデルとの間で取り交わされるような契約期間の縛りもありませんし、モデルがスキャンダルを起こすリスクもありません。

また、人物だけをAIが変えているので、着用している服飾は変換後もそのまま画像に残すことができ、服飾商品の販促用として用いることができます。何より、ゼロから画像を創作することに比べ、不自然に感じる度合を下げた精度の高い画像を生成しやすくなるでしょう。

最近では、コンピュータ上で仮想的に作った服飾を、AIが作り出すモデルに着用させるという、より高度なサービスも誕生しています[151]。しかし、こうした高度な方法は難易度も高くなるため、期待通りの画像を生み出せるとは限りません。そうした点を踏まえてか、このサービスでも別のプランとして、実在のモデルを使って撮影した画像をベースに用いて加工する方法が併せて提供されています。

その他のサービスとして、ロゴやイメージイラストといったパーツとなる画像を用意するだけで、それらを自動で配置してスナック菓子などのパッケージデザインを作るAIもあります[152]。パッケージデザインは売上を左右する重要な要素ですから、その品質にはこだわる必要があります。そこで、「パーツの配置方法を決めるだけ」という「活用範囲の限定」をすることで、ゼロから画像を創作するのに比べて、高品質なデザインを作成しやすくしているのです。

逆に、あくまで**参考情報として提示するにとどめることで、質を強く求めない提供方法にする手もあります。**たとえば、大手ECサイトのAmazonには、化粧品を自分の顔に使用した際のイメージ画像を提供する「AIバーチャルメイク」というサービスがあります[153]。化粧品や服飾などをネットショッピングで購入しようとすると、どうしても使用した際のイメージがつきにくいものですが、自分の顔写真と組み合わせた際のイメージを手軽に確認できるようにすることで、販促につなげて収益を生み出そうというわけです。

「失敗への対応方針」については、「イラストを作るだけだから、間違いがあっても大した問題ではない」と安易に考えてしまいがちですがそうでもありません。イラストが盗用であったり、センシティブな要素を含んでいたりして炎上することはよくある話です。AIは、あくまで「よく見かけるパターン」を描いているだけで主義思想など持ってはいませんが、受け取る側がそうした事情を分かってくれるとは限りません。

だからといって人間が常に事前チェックしていては多大なコストがかかってしまうため、利用者に「間違いを許容してもらう」のが基本的な方針となるでしょう。AIが持つ「特性⑦：超高速に処理ができる」を活かせば何枚でもイラストを描かせられるので、適切でないイラストは利用しないようにしてもらえばいいわけです。もちろん、AIがそうしたイラストを描く可能性があることは、あらかじめ利用者に伝えておく必要があります。

ただ、すべて利用者任せで解決できるとは限りません。特に盗用は著作権侵害となりうるため、細心の注意を払った方がいいでしょう。実際に、渡したイラストの画風を模倣して、新しいイラストを描いてくれるというAIのサービスが、他人の画風の盗用に悪用されるのではないか、という指摘を受けて全機能の一時停止に追い込まれたことがあります[154]。サービス規約上では自身が権利を有していないイラストの使用は禁止していたのですが、それ以外の防止策は特に講じられていませんでした。よって、**最低限の防止策は提供側で講じる必要がある**ことは意識しておくべきでしょう。「Midjourney」がコストをかけて人間によるチェック体制を敷いているのは、こうした問題を懸念しているからだと考えられます。

また、人間の指示でAIが創作している以上、「人間との連携方法」はとても大切なポイントといえます。「Midjourney」も、指示する文章の書き方でイラストの方向性を調整するのですが、それは決して容易なことではありません。AIと人間とでは文章の理解の仕方が異なるからです。

文章で示すことは簡単なように思えるでしょうが、文章の理解の仕方が異なる以上、AIにうまく伝わらないことも多いのです[20]。実のところ、いかにうまくAIに文章で伝えられるかという、人間側の工夫が問われてしまっているのが現状なのです[41]。

よって創作系AIでは、いかに「人間との連携方法」を整備するかが、サービスの質を左右することになるでしょう。AIがいろいろ作成した作品の中から、人間から見て優れた作品を簡単に選んだり調整したりできれば、価値ある作品を生み出しやすくなるからです。

最近では、ＡＩの創作過程において、人間がその方向性を調整できる技術もいろいろ開発されてきています。たとえば、顔のイラストを描いてくれる「彩ちゃん」では、ＡＩが提示するいろいろなイラスト候補の中から、利用者が良いと思うものを選んでいくことで、一人一人の好みに合ったイラスト作成を実現しています。

また、人間が指示するだけではなく、ラフなイラストも併せて提示することで、そのラフイラストを基本構成とした絵を描くＡＩなども誕生しています[155]。これからの時代は、**単にＡＩに創作させるだけでなく、ＡＩと人間とがうまく協力して一つの作品を作り上げるという考え方が求められる**ことでしょう。

その他の「人間との連携方法」の例として、先ほど触れたパッケージデザインを作るＡＩにおいては、デザインを評価する画像判別系ＡＩも併せて組み込むことで、人間が質の高いデザインを見出しやすいような工夫もしています。

ここで用いている画像判別系ＡＩは、用意されたデザインがどの性別・年代にどのくらい好意的な評価を受けるか、といったことを判定してくれるＡＩです。これを、カルビーが自社製品のパッケージデザインで活用したところ、売上を１・３倍に増やすという優れた結果を実現しています[156]。よって、このＡＩを組み合わせれば、創作系ＡＩが大量に創作したデザインの中から、ターゲットとする顧客層に好まれるデザインを見い出しやすくなる、というわけです。

最後の「学習データの収集方針」に関しては、使うＡＩの種類によって異なります。創作系Ａ

Iは教師なし学習を使っていることが多いため、正解は必要ありません。よって収集自体のハードルは低いです。ただし、最近は描く画像を文章で指示する形が一般的となっているため、「描写している内容を表現した文章」もセットで収集することが多くなってきています。グーグル検索などを使えば、検索文章に合致した画像を収集できるので、これを活用するなどして大量に集める方法を検討しておくとよいでしょう。

ただし、第三者の著作物を活用する場合には注意が必要です。学習データに用いた画像とほぼ同じものを、AIが生成してしまうことがあるからです[157]。AIはあくまで「よく見かけるパターン」を作っているだけなので、著作権違反の可能性を気にしてなどいません。そうした「失敗への対応方針」について、人間側で整備しなければならないことは気を付けておきましょう。

これに対し、画像に何らかの変更を加えるAIでは、教師あり学習を使うケースもあります。この場合、変換前の画像に対し、変換後の画像を正解として用意しなくてはならないのですが、もしこの学習データが簡単に用意できるなら、低コストでサービスが実現しやすくなります。

たとえば、白黒写真をカラー化するAIなどは学習データを作りやすいAIの一つです。方法は簡単で、カラー画像を用意し、それを白黒画像に加工するだけで、白黒画像（変換前）とカラー画像（変換後：正解）の組み合わせを作ることができます。このように**簡単な工夫で学習データを数多く用意できるような事例が考え出せると、費用対効果の高いサービスが実現しやすい**ことを覚えておくといいでしょう。ただし、簡単である以上、時間がたつにつれて競合が生まれやすい点には注意が必要です。

創作系ＡＩの活用事例：言語系

言語系と画像系とで使っているＡＩの構成は異なるとお話ししましたが、その基本的な特性は似通っています。よって、言語系でも広い範囲になるほど、つまり大作になるほど全体の統一感は保たれにくくなり、文章として不自然な点が目立つようになってきます。

裏を返せば、**短い文章に「活用範囲の限定」をすれば、十分な性能を出しやすくなります**。実際、朝日新聞社では新幹線内の電光掲示板に表示する短文ニュースの作成をＡＩが行うことで、通常90分かかっていた作業を1分へと短縮できたと発表しています[158]。

長い文章をＡＩで生成したい場合は、文章の統一感をどうやって出すかが課題となります。過去に、ＡＩが書いた小説が星新一賞の一次審査を突破したというニュースが話題になりました[159]。この際は、ストーリーの大まかな流れを人間が作成し、ＡＩはその構成に基づいて文章を当て込む形で小説を生成しています。つまり、人間が全体の統一感を調整していたわけです。

　これを聞くと、ＡＩはストーリー構成を考えられない、と考えてしまいがちですがそうではありません。考える範囲をストーリー構成に限定してしまえば、創作する範囲が狭く短くなるのでＡＩでも扱いやすくなります。たとえば、すでに亡くなられた手塚治虫氏の新作漫画を実現した際は、ＡＩがあらすじを作成し、人間が漫画へと書き起こしています[160]。よって、「活用範囲の限定」を適切に設定して、ＡＩが対応する範囲をうまく切り分けられれば、いずれはＡＩだけで統一感ある作品を作ることも可能にはなってくると考えられます。

しかし、ＡＩは人間と理解の仕方が異なるため、人間から見て優れた文章を作れるとは限りません。また、人間には理解できない間違いを犯す可能性も当然あります。文章は思想が直接的に表現されやすいので、ＡＩが書いた文章を読んで不快に感じる人が出てくることも十分考えられます。おそらく当分は、人間とＡＩとが協力して創作する、というのが主要な使い方となってくるでしょう。

そのため、**画像の創作系ＡＩの場合と同様に「失敗への対応方針」や「人間との連携方法」をいかに整備できるかがポイント**となるでしょう。ＡＩが人間と協力して創作する方法としては、ＡＩが作った文章の中から優れた部分を人間が取捨選択したり、不十分なところを人間が加筆修正したり、駄目な部分をＡＩに書き直させたり、といったやり方が挙げられます。ＡＩは、ある文章に「続けられる文章」を生成するという考え方なので、人間が加筆修正した文章の続きを書く、といったことにも容易に対応できます。

最近では、人間とＡＩが共同で作品を作る流れが加速してきています。先に挙げた星新一賞では、最近応募された作品全体の４％がＡＩを利用した作品となっていて、さらには入選作品までも誕生しています[161]。

そしてこうした流れは、音楽などの分野にも広がってきています。実際に、メロディーをゼロから作曲したり、人間が修正したメロディーやコードに合わせた作曲をしたりするＡＩもサービス化されています[162]。

ＡＩが新たなものを作り出す創作という技術の可能性は、近年のディープラーニングの発展によってもたらされました。**その性能は加速的に進化していて、さまざまな分野に広がり、数年前の常識をどんどん塗り替えている**のです。

言語系でいえば、チャットＧＰＴの基盤ともなっているＧＰＴ-3やＧＰＴ-4がその代表的な例でしょう。これらのＡＩはビジネスへの展開も急速に進んでいます。たとえば、マイクロソフトが提供するワードやエクセルといった有名ソフトに搭載され、文章の要約や書き直し、データの分析や資料のビジュアル化などが簡単に指示できるようになることが発表されています[163]。

ＧＰＴ-4以外にも、Ａｐｐｌｅなどといった有名な企業が次々と同様のＡＩを発表しています[164][165][166]。たとえば、グーグルが開発したＡＩ「ＰａＬＭ」は、それまでのＡＩを上回る性能を実現し、初めて聞いた新作ジョークの面白さを解説することまでできるようになっています[167]。

さらにはその技術を応用し、会話を交わせるだけでなく、対話相手の意図に沿った行動も起こせるロボットを開発しています[168]。このロボットは、「飲み物をこぼした」と伝えるだけで、こぼして空になった缶を捨て、掃除用のスポンジを持ってきてくれるのです。

言語系での発展は、人間が話す言葉だけではありません。プログラミングに用いる言語ですら扱えるようになってきているのです。そしてその実力は、プログラミングコンテストの一般的な参加者と互角の成績を達成できるほどになってきています[169]。

また音楽分野では、指定したジャンルやアーティストのテイストで歌入りの楽曲を作るＡＩが誕生し、少し聞いた程度ではほとんど違和感のない音楽を作り出しています[170]（ＱＲ４）。音声を作るＡＩでは、息遣いや笑い声、感情なども盛り込んで、人間と大差ないレベルで発話できるＡＩも生まれています[171]（ＱＲ５）。

さらに教育分野では、大学の数学問題を正答率８割で回答しつつ、かつその解き方を説明したり、人間が作ったものと見分けがつかないレベルで新たな数学の問題を作ったりしてくれるＡＩも生まれています[172]。**従来は大学レベルの数学となると正答率は８％程度だったのですが、このＡＩによってその性能が一気に引き上げられた**のです。さらに十年もすれば、今の常識はさら

ＱＲ４　ＡＩが自動作曲した曲を聴けるサイト
https://jukebox.openai.com/

ＱＲ５　ＡＩによる音声生成のデモ動画（Sonantic 社）
https://www.youtube.com/watch?v=gS1m_TlxEW0

に塗り替えられていくことでしょう。

しかし、あくまでAIは人間に与えられた課題を解決しているにすぎません。その力をどう活かすか、何を表現しようとするかは人間が方向づけていかなくてはならないのです。**人間が正しくAIを導いて、協力して新しいものを生み出していくということが、これからの時代に求められる考え方**となっていくでしょう。

コラム

概念を学ぶAI

近年の大きな技術革新をもたらしたディープラーニングは、コネクショニズムという考え方に基づいています。これは、人間の脳内を模倣してAIを作る方法で、学習データの中から要素間の関連性やつながりの強さを捉えるというものでした。現在のAIの多くは、この考え方で形作られています。

一方で、もっと別の観点から模倣する考え方もあります。人間が持つ最大の強みは、言葉です。言葉でさまざまなことを考えたり伝えたりできることが、他の生物にはない最大の特徴であり、知性の象徴ともいえるでしょう。したがって、**さまざまな概念を言葉という記号に落とし込んで、**

論理的に扱う方法を模倣することも、人間を模倣する有力な方法といえます。この模倣の仕方を記号主義（シンボリズム）といいます。

実のところ、初期のAIは記号主義に基づいたものがほとんどでした。黎明期には、数学の定理を組み合わせて新たな定理を導くAIなどが誕生しています。しかし、人間が扱う概念は非常に多岐にわたることや、当時のコンピュータ性能の低さも災いし、記号主義でのAIは大した性能を発揮できませんでした。

そんな中、コネクショニズムの考え方がさまざまな場所で有効性を示し始め、ディープラーニングの誕生によってAIはコネクショニズム全盛を迎えることになります。しかし近年、両者の考え方を組み合わせ、**コネクショニズムを基本としつつ、概念を記号的に扱って論理的に捉えることもできるAI**が生み出されてきました。これを「ニューロシンボリックAI」といいます[173]。

その一つにNS-CLというAIがあります[174]。このAIは、さまざまな色や形をした図形が映っている「画像」と、その画像にまつわる「文章題」、そしてその文章題の「正解」という三点が記録された学習データを使って作られています。文章題は画像を見れば答えられる問題であり、たとえば「緑の箱の左にある赤い物体は、一緒に置かれている紫色の物体と同じ形状をしていますか？」といった内容になっています。

NS-CLは、画像に写る情報を捉えるためにディープラーニング、つまりコネクショニズムを用いています。その一方で、「赤い」「緑色の」や「四角い」「球体」といった色や形状の概念、「左にある」「上に乗っている」といった関係性の概念もあらかじめAIに与えています。

しかしこの段階では、AIは与えられた概念がどういった状況を指し、かつどういった言葉（記号）で表現されるのかは理解できていません。あくまで、そうした概念があるということしか教えられていないのです。そこでAIは、それらの概念の実態について、画像の状況と照らし合わせながら探っていきます。

もし概念の捉え方が正しければ、その理解のもとで考えた文章題への回答も正しいはずです。そこで、「文章題に正解できたら報酬が得られる」と設定した強化学習をしていくのです。強化学習は、報酬をより多く得られる方法を自分で模索していくというものでした。つまりこれによって、**報酬が多く得られるような、正しい概念の捉え方を学び取れる**、というわけです。

こうして獲得された概念は、人間が使っている概念をもとにしているので、人間に理解しやすいものとなります。よって、その概念を用いたAIの判断もまた人間に理解しやすいものとなり、より自然な「人間との連携方法」が確立できるようになるでしょう。さらに、AIの判断の仕方も人間に近くなっていくことが期待できます。そうすると、人間には理解できない間違いも犯しにくくなり、「失敗への対応方針」を考える必要性も薄くなるでしょう。

この手法は学習を効率的に行う面でも大いに効果を発揮します。**学んだ概念はその他の課題でも応用できる**からです。新しい課題でも人間が簡単に対応できるのは、いろいろな課題で応用できる概念を持っているからです。その特性をAIが自力で獲得できる可能性が出てきたわけです。

この技術は誕生して間もないため、まだまだ発展途上といえます。現段階からビジネスで活かすにはコストが割に合わないでしょう。一方で、AIの技術革新は日進月歩であり、数年後にはまた状況が大きく変わってきている可能性もあります。これからの時代のAIを活かす人材になるためには、こうした技術が生まれつつあるということも把握しておくとよいでしょう。

あとがき

このあとがきを書いている2023年春は、チャットGPTが大いに話題となっています。ほぼ毎日誰かに質問をもらったり意見を求められるほどです。チャットGPTは、圧倒的な柔軟さと自然さで、比較的正確な回答を返せる対話システムとなっています。今後は、新世代型の質問応答や自動要約といったさまざまな新しい用途が数多く登場することでしょう。それに合わせて、回答の正確性もさらに向上していくでしょう。

あまりに自然で説得力のある答えが返されることから、チャットGPTが人間と同じように考えていると感じてしまう人も多くいます。しかし、実態はそうではありません。チャットGPTをはじめとする現在の言語系AIは、言語モデルという基本原理に基づいて構築されています。言語モデルは、「確率的に最も可能性の高い文章こそが、求められている回答である」という考え方となっています。ここでいう「最も可能性の高い」とは、学習に用いた膨大な文章データにおいて最もよく見られる回答の傾向、という意味です。これにより、学習データに含まれていた表現をうまくつなげ、非常に自然で説得力のある回答を返すことができるのです。

一方で、学習データにあまり含まれておらず、何か想像力を働かせて新しく思いつく必要があるような回答は、言語モデルの考え方からは生まれません。そもそも、偉大な発見や誰も思いつかないようなアイディアは、過去の文章データに直接記録されているはずはなく、いくつかの事柄を表面的につなぐだけで生み出すことはできないからです。

また、現状のチャットGPTは言葉遊びの「しりとり」も完璧にはできません。「しりとりをしましょう」と持ちかけると「はい、しましょう。ではリンゴ」というように、単語の最後と最初の音をつなげるやりとりであることは理解しており、自然にしりとりを始めてくれます。しかし、「ん」で終わってはいけないというルールを理解していないようで、数回のやりとりのうちに「ん」で終わる単語を言ってしまいます。しりとりで行われる単語のやりとりの対話は再現できるものの、しりとりという遊びの意味が理解されてはいないため、このような対話になってしまうのです。

これは「言語モデル＝確率的にあり得る文章を答える」の限界と言えます。現実に根ざした回答ができるようになるには、言語モデルの原理を超えるパラダイムが必要ですが、まだその成功例は出てきていません。ただそうした限界はあっても、先に述べたように活用できる分野は豊富にあります。言語モデルによる質問応答システムはいわば、非常に柔軟性の高い検索エンジン＋アルファと言えるでしょう。しかし、その柔軟性と自然さと正確性を生み出しているのは、言語モデルの成果というよりは、学習に用いた膨大なデータそのものが内包する情報量によるところが大きいのです。この点をしっかり認識しておくことが、ＡＩを効果的に活用するための第一歩となります。

拙著『ＡＩにできること、できないこと』にも書きましたが、現在のＡＩブームは3回目であり、過去にも二度のＡＩブームがありました。そして2回目のＡＩブームを作った中心的アプリケーションがエキスパートシステムでした。これは医者や弁護士といった専門家（エキスパート）に代わって回答や助言、判断を与えてくれるＡＩシステムです。当初は、有用なビジネス応用事例がいくつも世に出てきましたが、徐々にうまく活用できないケースが増えてきました。もちろん、このＡＩの仕組みの性能が低下したわけではありません。仕組みの特性やその得意不得意を理解しないまま、むやみに適用範囲を広げてしまい、正しい結果を出せないエキスパートシステムが量産されたのです。そしてブームは終わりました。

エキスパートシステムは、登録したたくさんの判断ルールを論理的に組み合わせて、正しい回答や判断を行うものでした。そしてその判断ルールは、専門家、すなわち人の知識から一つ一つ聞き出し、それを地道に登録していたのです。しかし、人からの聞き取りで作り出す以上、網羅性や完全性に限界があり、主観性も排除しきれません。これがアキレス腱となっていました。

この反省から、判断ルールを「事実の記録」であるデータから客観的に作り出そうという流れが生まれてきました。さらに、2回目のＡＩの冬の時代のさなかに訪れた、インターネットの普及やスマートフォン、クラウドコンピュータの台頭により、過去とは比べ物にならない大量のデータ（ビッグデータ）がＡＩの研究者たちの手に入ったのです。その結果、大量の画像データを最大限に活用することで、ＡＩ自らが画像の特徴を捉え、人間並みの画像認識ができるようになりました。それに続いて、音声認識や言語対話の世界でも、ビッグデータを前提とした自動特徴量抽出の技術としてディープラーニング技術が猛烈な勢いで進化し、現在に至ります。

今ここで、私たちはもう一度、過去のＡＩブームが終焉に至った経緯を振り返るべきです。最新のＡＩ技術の数理や使い方、プログラミング方法がわかっていても活かせるわけではありません。重要なのは、その技術の本質、そこから想定される性能と限界、不確実性を理解し、さらに、どうすればビジネスの価値を生み出せるのか、そこをしっかりと把握することが「ＡＩ人材にいま一番必要なこと」なのです。

読者の中には、ビジネスの中でＡＩや統計学を駆使して仕事をされているデータサイエンティスト、またそれを目指している人もいらっしゃると思います。そうした皆さんには、ＡＩの使い方を身につけただけのスキルドリブンなデータサイエンティストではなく、ＡＩをビジネス価値に変えられる、バリュードリブンなデータサイエンティストになっていただきたいと思っています。この本が少しでも、そのお役に立てることを願っています。

２０２３年5月23日

藤本浩司
柴原一友

参考文献

［1］“「AI 活用浸透」の極意：実践から成果へ（アクセンチュア）”．https://www.accenture.com/jp-ja/insights/artificial-intelligence/ai-maturity-and-transformation

［2］“AI 戦略 2019【概要】”．https://www.maff.go.jp/j/kanbo/tizai/brand/attach/pdf/ai-15.pdf

［3］“プログラミング教育とは？　必修化の目的や現状の問題点を実践例から検証！”．https://www.sejuku.net/blog/143590

［4］“AI ガバナンスサーベイ：AI の実運用とその課題認識における日本企業の概観”．https://www2.deloitte.com/jp/ja/pages/deloitte-analytics/articles/ai-governance-survey.html

［5］“AI 戦略 2022 の概要”．https://www8.cao.go.jp/cstp/ai/aistrategy2022_gaiyo.pdf

［6］“AI/機械学習とデータ分析の関係を知る（1）データ分析業務と組織の現状”．https://thinkit.co.jp/article/18614

［7］“アクセンチュア最新調査 ── AI 活用において，60％以上の企業が概念実証に留まる”．https://newsroom.accenture.jp/jp/news/release-20220623.htm

［8］“AI を活用したドキュメント自動入力でみずほの業務効率が向上，事務処理の 8 割を削減”．http://ai-biblio.com/articles/2512/

［9］“マイクロソフト，MSN などニュース編集者数十人を解雇し AI に置き換え”．https://news.livedoor.com/article/detail/18351643

［10］“「お絵描き AI」Midjourney の画力と創造性を試してみた！”．https://gendai.media/articles/-/98752

［11］“ChatGPT”．https://openai.com/blog/chatgpt

［12］“ChatGPT が「史上最も急速に成長している消費者アプリケーション」である事が明らかに”．https://texal.jp/2023/02/02/chatgpt-revealed-to-be-fastest-growing-consumer-application-in-history/

［13］“企業の AI 活用，日本は 13 カ国で最下位 「総務や人事，経理の DX 化に遅れ」”．https://www.itmedia.co.jp/business/articles/2111/10/news062.

html
［14］“グーグルの AI が「知性をもっている」という主張を巡る騒動は，さまざまな課題とリスクを浮き彫りにした”．https://wired.jp/article/lamda-artificial-intelligence-sentience/
［15］“Is LaMDA Sentient？——an Interview”. https://cajundiscordian.medium.com/is-lamda-sentient-an-interview-ea64d916d917
［16］“「AI に感情」主張の Google エンジニアが解雇．「LaMDA は死ぬのが怖いと言った」”．https://gadget.phileweb.com/post-7216/
［17］“一人ひとりの感情に応えるロボット用 AI ソフトを開発，自閉症児の在宅治療に”．http://ai-biblio.com/articles/2820/
［18］“Quick, Draw!”．https://quickdraw.withgoogle.com/
［19］“突然注目を集めた AI 画像生成 Midjourey を運営する社員 10 人の「零細企業」の裏側”．https://www.axion.zone/aimidjourey10/
［20］“AI に思い通りの絵を描かせられるのは誰だ！「Midjourney」指示力選手権”．https://www.itmedia.co.jp/news/articles/2208/03/news162.html
［21］“ウーバーの自動運転車事故，交通違反の歩行者を認識せず”．https://www.afpbb.com/articles/-/3253410
［22］“「最後まで人間だと認識できず」Uber の AI 車，初の死亡事故が起きた理由”．https://news.yahoo.co.jp/byline/kazuhirotaira/20191108-00149956
［23］“PRELIMINARY REPORT HIGHWAY HWY18MH010”. https://www.wsj.com/public/resources/documents/NTSBuber.pdf
［24］James Kirkpatrick *et al.*, “Overcoming catastrophic forgetting in neural networks”, *PNAS*, **114**, 3521–3526, 2017.
［25］“OpenAI API”. https://openai.com/api/
［26］“「GPT-4」発表　専門領域では人間レベル．画像入力にも対応”．https://www.watch.impress.co.jp/docs/news/1485888.html
［27］“Pathways Language Model (PaLM): Scaling to 540 Billion Parameters for Breakthrough Performance”. https://ai.googleblog.com/2022/04/pathways-language-model-palm-scaling-to.html
［28］“Google の万能 AI「Pathways」5400 億のパラメーターを使い多様で多言語のタスクに対応”．https://ledge.ai/google-pathways-all-purpose-ai/
［29］“GPT-3 is No Longer the Only Game in Town”. https://lastweekin.ai/p/

gpt-3-is-no-longer-the-only-game

[30] “Amazon,「万能 AI」開発競争に背　アレクサも実用重視”. https://www.nikkei.com/article/DGXZQOGN2503P0V20C22A6000000/

[31] “Minerva: Solving Quantitative Reasoning Problems with Language Models”. https://ai.googleblog.com/2022/06/minerva-solving-quantitative-reasoning.html

[32] “「ChatGPT」に警戒強めるウォール街，大手行で利用禁止の動き相次ぐ”. https://www.bloomberg.co.jp/news/articles/2023-02-24/RQL4FUT0AFB601

[33] “ChatGPT，ソフトバンクなどが利用制限　ルール作り急ぐ”. https://www.nikkei.com/article/DGXZQOUC069HD0W3A300C2000000/

[34] “「ChatGPT」開発元が集団訴訟の標的に…「生成 AI」はメディアやクリエイターの権利を侵害しているのか？”. https://gendai.media/articles/-/107643

[35] “米画家ら，画像生成 AI「Stable Diffusion」と「Midjourney」を提訴”. https://pc.watch.impress.co.jp/docs/news/1470744.html

[36] “アドビ，画像生成 AI「Firefly」発表．Creative Cloud に統合へ”. https://www.watch.impress.co.jp/docs/news/1487299.html

[37] “An AI-Generated Artwork Won First Place at a State Fair Fine Arts Competition, and Artists Are Pissed”. https://www.vice.com/en/article/bvmvqm/an-ai-generated-artwork-won-first-place-at-a-state-fair-fine-arts-competition-and-artists-are-pissed

[38] “脳波を文章に変換する AI が開発中”. https://gigazine.net/news/20200331-ai-brain-activity-into-text/

[39] “AI の個別指導を受けた新人がベテランより高い成績を出す！”. https://nazology.net/archives/113813

[40] “AI で『中世の都市の俯瞰図』を錬成しようとしているが何度やっても炎を吹き上げる…→鎮火するまでの流れが呪術師みたいで面白い”. https://togetter.com/li/1922405

[41] “無料で誰でも簡単に，テキストから画像を生成できる「Craiyon（旧名：DALL・E mini）」を使ってみよう”. https://atmarkit.itmedia.co.jp/ait/articles/2208/04/news034.html

[42] “画像生成 AI「Midjourney」のバージョン 4 が公開される，美麗な

画像の生成が簡単過ぎて呪文の達人が嘆くほど”．https://gigazine.net/news/20221110-midjourney-v4/

[43] “AI に“期待しすぎた”ソフトバンク　身をもって実感した，AI の企業導入を成功させるコツは”．https://www.itmedia.co.jp/news/articles/1708/07/news009.html

[44] “自動運転（警察庁 Web サイト）”．https://www.npa.go.jp/bureau/traffic/selfdriving/index.html

[45] “Google が自動運転車の自社開発を凍結した本当の理由”．https://www.lifehacker.jp/article/161216_google_self_driving_car/

[46] “AI を使った人事評価は「ブラックボックス」 日本 IBM の労組が反発，学習データなど開示求める”．https://www.itmedia.co.jp/news/articles/2004/10/news128.html

[47] “利用可能性ヒューリスティック”．https://valueinnovation.biz/heuristic/

[48] “AI の「人間超え」，その時トップ囲碁棋士は”．https://business.nikkei.com/atcl/report/15/110879/031600283/

[49] 上野達弘，“アーティクル：情報解析と著作権――「機械学習パラダイス」としての日本”，『人工知能』，（一般社団法人 人工知能学会），36（6），745-749，2021.

[50] “Realtime Multi-Person Pose Estimation”. https://github.com/ZheC/Realtime_Multi-Person_Pose_Estimation

[51] “AI で国語の記述問題を自動採点するシステムを構築する”．http://ai-biblio.com/articles/2657/

[52] “データ中心の AI（DCAI：Data-Centric AI）とは？”．https://atmarkit.itmedia.co.jp/ait/articles/2202/10/news037.html

[53] “令和 4 年度「無人自動運転等の CASE 対応に向けた実証・支援事業（地域新 MaaS 創出推進事業）」に係る委託先の公募（企画競争）について”．https://www.meti.go.jp/information/publicoffer/kobo/2022/k220405001.html

[54] “自動運転車の定義及び政府目標”．https://www.mlit.go.jp/report/press/content/001371533.pdf

[55] “世界初！　自動運転車（レベル 3）の型式指定を行いました”．https://www.mlit.go.jp/report/press/jidosha08_hh_003888.html

[56] “トラフィックジャムパイロット（渋滞運転機能）エンジニアトーク”．

https://www.honda.co.jp/tech/articles/auto/EngineerTalk_TJP/
[57] “自動ブレーキ作動せず事故　日産販売店長ら書類送検　千葉県警，全国初”．https://www.chibanippo.co.jp/news/national/401244
[58] “ハンズオフ&アイズオフがもたらす「レベル3」の解放感，ホンダ レジェンド 新型…SIP試乗会”．https://response.jp/article/2021/04/27/345356.html
[59] “世界に先駆けた「ホンダのレベル3自動運転車」10の疑問”．https://xtech.nikkei.com/atcl/nxt/column/18/01537/00024/
[60] “「教師なし学習」で自動運転！　ホンダも出資するHelm.aiの正体”．https://jidounten-lab.com/u_33811
[61] “ホンダ自動運転，東京で実証へ　交通混雑地帯で初のレベル4”．https://www.jiji.com/jc/article?k=2022060800767
[62] “東京都心部での自動運転モビリティサービスの展開を目指し，帝都自動車交通・国際自動車と基本合意書を締結”．https://www.honda.co.jp/news/2022/c220421.html
[63] “自動運転タクシー，Waymoが「完全無人×一般向け」でスタート！　セーフティドライバーすら乗せずに”．https://jidounten-lab.com/u_waymo-double
[64] “中国の自動運転タクシー事情（2022年最新版）”．https://jidounten-lab.com/u_china-city-autonomous-matome
[65] “ロボット　Pepper（ペッパーくん）とは（ソフトバンク）”．https://www.softbank.jp/robot/
[66] “ルンバの進化が「地味にスゴイ！」”．https://ascii.jp/limit/group/ida/elem/000/001/253/1253893/
[67] “ルンバの動きは“ランダム”か？――実は“臨機応変”タイプだった”．https://www.itmedia.co.jp/lifestyle/articles/1504/24/news093.html
[68] “人型ロボット「アトラス」，恐ろしく機敏な動きを披露”．https://www.businessinsider.jp/post-240688
[69] “JR西日本，2021年10月社長会見”．https://www.westjr.co.jp/press/article/items/211027_10_kaikenn.pdf
[70] “AIが外壁の亀裂を画像診断，東急リバブルらが熟練者並みの精度を実現できた理由”．https://xtech.nikkei.com/atcl/nxt/column/18/00001/03427/

[71] “ドローン撮影の赤外線画像から，AI が建物の外壁タイルの浮きを自動判定するシステム「スマートタイルセイバー」を開発し実用化”．https://www.takenaka.co.jp/news/2021/06/02/index.html
[72] “シルクレポート 2020 年 10 月号：蚕種製造調査における AI 技術を用いた画像解析システムの開発”．https://silk.or.jp/wp-content/uploads/silk67.pdf
[73] “職人の勘や経験を AI が守る．養蚕業での初めての AI 導入を成功させた話”．https://ledge.ai/kaiko-nnc/
[74] “「病気を治す」から「幸せになる」医療へ．人間を超え始めた医療 AI の現在地”．https://ledge.ai/medical-and-ai-abejaevent/
[75] “AI がベテラン医師よりも高精度に脳スキャン画像から脳腫瘍を診断することに成功”．https://gigazine.net/news/20180704-ai-beats-human-doctors/
[76] “コラム 読影の手順—放射線科医の目—”．https://www.m-satellite.jp/ryuji_room/04_column/02.html
[77] “Audi optimizes quality inspections in the press shop with artificial intelligence”. https://www.audi-mediacenter.com/en/press-releases/audi-optimizes-quality-inspections-in-the-press-shop-with-artificial-intelligence-10847
[78] “AI 映像解析ソリューション “COTOHA Takumi Eyes””．https://www.ntt.com/business/solutions/enterprise-application-management/takumieyes.html
[79] “電車内の犯罪どう防ぐ？ 不審者を体の振動の変化で見抜くシステムとは”．https://www.nhk.or.jp/shutoken/wr/20211203c.html
[80] “防犯監視システム DEFENDER-X”．https://www.systemsquare.co.jp/defender-x
[81] “ドライバーの「異変」AI で発見する技術，ホンダが開発へ…運転支援・病気の疑いも分析”．https://www.yomiuri.co.jp/economy/20220529-OYT1T50144/
[82] “AI カメラが「迷っている顧客」発見→店員がすぐ接客 イオンが新技術”．https://www.itmedia.co.jp/business/articles/2105/13/news097.html
[83] “Biome（バイオーム）-いきもの AI 図鑑”．https://apps.apple.com/jp/app/id1459658355
[84] “PictureThis：花，木，ハーブを写真で識別”．https://apps.apple.com/

jp/app/id1252497129
[85] “株式会社バイオーム（京都企業紹介）”. https://www.pref.kyoto.jp/sangyo-sien/company/biome.html
[86] “BakeryScan®（ベーカリースキャン）”. https://bakeryscan.com/
[87] “ユニクロのセルフレジが進化！ ハイテクレジを利用してみた”. https://mynavi-agent.jp/dainishinsotsu/canvas/2020/01/post-278.html
[88] “300店のベーカリーに導入された画像認識AIレジの秘密に迫る”. https://ledge.ai/bakery-scan/
[89] “AIを使いこなす人材になる,”『週刊東洋経済』（東洋経済新報社），2020. 5. 16.
[90] “【佐川急便，SGシステム】佐川急便の配送伝票入力業務を自動化するAIシステムが本稼働”. https://www2.sagawa-exp.co.jp/newsrelease/detail/2019/0802_1473.html
[91] “指紋ならぬ“鼻”紋で認証！ 愛犬の鼻の先に広がる未来”. https://dot.asahi.com/aera/2022042000050.html
[92] “日本初「犬の鼻紋」をAIが解析し個体識別するNoseIDアプリβ版リリース”. https://prtimes.jp/main/html/rd/p/000000002.000083563.html
[93] “GESREC（choreosity）”, https://www.choreosity.com/gesrec
[94] “Yahoo! JAPANリアルタイム検索”. https://search.yahoo.co.jp/realtime
[95] “CINCが人のように気持ちを察する感情分析AIを開発”. https://www.cinc-j.co.jp/news/1843/
[96] “感情分析（解析）によるコールセンターオペレーターの離職防止”. https://www.es-jpn.jp/blog/テクノロジー/617/
[97] “ヤフージャパンのリアルタイム検索における感情分析”. https://randd.yahoo.co.jp/jp/papers/92
[98] “AIで法律文書解釈，静岡大1位 国際法律文書処理コンテスト”. https://www.asahi.com/articles/ASQ7J76FJQ67UTPB001.html
[99] “特許明細書チェック支援ソフト チェッカー版（typeK）”. https://www.ibr.co.jp/typek.html
[100] “機械翻訳サービスの和文英訳がプロ翻訳者レベルに，英文和訳はTOEIC 960点レベルを達成”. https://miraitranslate.com/uploads/2019/04/MiraiTranslate_JaEn_pressrelease_20190417.pdf

[101] “DeepL 翻訳ツール”. https://www.deepl.com/ja/translator
[102] “DeepL の個人情報保護方針”. https://www.deepl.com/ja/privacy/
[103] “Google 翻訳の AI は独自の「中間言語」を習得して「学習してない言語間の翻訳」すら可能な段階に突入”. https://gigazine.net/news/20161202-zero-shot-translation/
[104] “世界で開発が加速化するチャットボットの進化の軌跡〜元祖 ELIZA の誕生から，ディープラーニングの可能性まで〜”. https://mobilus.co.jp/lab/chatbot/history-of-chatbot/
[105] “ELIZA”. https://en.wikipedia.org/wiki/ELIZA
[106] “文章生成 AI「GPT-3」が Reddit で 1 週間誰にも気付かれず人間と会話していたことが判明”. https://gigazine.net/news/20201008-gpt-3-reddit/
[107] “ソニーのエンタメ AI ロボ「poiq」を AI プログラマーが触ってみた…グーグルも悩む「会話 AI」に心はあるか”. https://www.businessinsider.jp/post-255713
[108] “MS，AI チャットボット「Tay」を停止――ヒトラー擁護など不適切なツイートの投稿で”. https://japan.cnet.com/article/35080128/
[109] “Microsoft Tay AI returns to boast of smoking weed in front of police and spam 200k followers”. https://www.ibtimes.co.uk/microsoft-tay-ai-returns-boast-smoking-weed-front-police-spam-200k-followers-1552164
[110] “キャリアボット，OpenAI の ChatGPT を活用した就職支援サービスを全国のキャリアセンターに提供開始！”. https://prtimes.jp/main/html/rd/p/000000011.000077934.html
[111] “「ニュースライターとして ChatGPT を採用します」 ゲーム媒体「電ファミ」が GPT-4 の試験運用はじめる”. https://www.itmedia.co.jp/news/articles/2303/17/news192.html
[112] W. Z. Shakked Noy, “Experimental Evidence on the Productivity Effects of Generative Artificial Intelligence,” Available at SSRN: https://ssrn.com/abstract=4375283 or http://dx.doi.org/10.2139/ssrn.4375283, 2023.
[113] “英語スピーキング特化型学習アプリ「スピーク」日本語正式版を 2023 年 2 月 9 日よりリリース”. https://prtimes.jp/main/html/rd/p/000000001.000116340.html

[114] “「新しい Bing」のエンジン，実は「検索用にカスタマイズした GPT-4」”．https://www.itmedia.co.jp/news/articles/2303/15/news094.html
[115] “Microsoft，Bing の AI チャットや「Prometheus」を紹介”．https://pc.watch.impress.co.jp/docs/news/1481996.html
[116] “Bing の AI が「お前の個人情報をさらして就職や学位取得をめちゃくちゃにするぞ」と脅しをかける”．https://gigazine.net/news/20230221-microsoft-ai-chatbot-threatens-personal-info/
[117] “マイクロソフト「Bing」のチャット AI，利用回数に制限”．https://k-tai.watch.impress.co.jp/docs/news/1480474.html
[118] “「ChatGPT」の奇妙な応答，「恐ろしい」など誇張した表現は不適切”．https://japan.zdnet.com/article/35200880/
[119] “みずほ銀行，AI チャットの導入で問い合わせの解決率 80% 以上・顧客満足度 90% に 社内業務の効率化も”．https://bitdays.jp/lifestyle/31367/
[120] “全自動 AI 投資「SBI ラップ」（SBI 証券）”．https://go.sbisec.co.jp/prd/swrap/swrap_top.html
[121] “AI がお取引をサポート（au じぶん銀行の外貨預金）”．https://www.jibunbank.co.jp/landing/ai_foreign_deposit/support/
[122] ““老舗ベンチャー” ゑびや大食堂が「的中率 9 割」の AI 事業予測をサービス化！ IT ビジネスに参入決断した「その理由」（CNET Japan）”．https://japan.cnet.com/extra/ms_ebiya_201710/35112861/
[123] “「食品の需要予測は AI で」（くらし☆解説）”．https://www.nhk.or.jp/kaisetsu-blog/700/298013.html
[124] “「とうふ指数」で廃棄ロス 3 割減も，気象情報を売上予測に生かす”，https://atmarkit.itmedia.co.jp/ait/articles/1705/25/news027.html
[125] “これが未来のタクシー営業スタイル!! 大和（DAIWA）の「AI 搭載 TAXI」”．https://www.daiwajg.com/ai/
[126] “「タクシー客はここにいる」ソニー AI がリアルタイム需要予測 大和自動車交通が導入”，https://merkmal-biz.jp/post/2269
[127] “ソニー AI，革新的な AI『グランツーリスモ Sophy』を発表．トップ GT ドライバーと対等かそれ以上に走破可能に”．https://hidebusa1.com/2022/02/11/__trashed/
[128] “Google・DeepMind の新たな AI が FPS『Quake III Arena』にて

人間以上のチームワークを発揮．シンギュラリティへの序章となるか”．https://automaton-media.com/articles/newsjp/20180707-71552/

[129] “強化学習 AI で化学プラントの 35 日間自律制御に成功，完全自律工場へ道筋”．https://monoist.itmedia.co.jp/mn/articles/2203/29/news094.html

[130] Marin Toromanoff *et al.*, “End-to-End Model-Free Reinforcement Learning for Urban Driving using Implicit Affordances”. https://arxiv.org/abs/1911.10868, 2020

[131] “箱サイズが変わっても再学習が不要な箱詰め作業向け深層強化学習手法”．https://www.global.toshiba/content/dam/toshiba/jp/technology/corporate/review/2021/04/r02.pdf

[132] “トヨタも使う，自動運転開発ツールが日本上陸．創業 3 年のユニコーン Applied Intuition”．https://techblitz.com/appliedintuition/

[133] “ティアフォー，デジタルツイン指向の自動運転シミュレーターをオープンソース公開”．https://prtimes.jp/main/html/rd/p/000000036.000040119.html

[134] “「NaviPlus レコメンド」の自動最適化機能にて使われている「強化学習」って何？”．https://tech.naviplus.co.jp/2017/09/07/

[135] “日本経済新聞，ポテチと黒烏龍茶，意外な消費の組み合わせ，2011”．https://www.nikkei.com/article/DGXNASFK0302H_T00C11A6000000/

[136] Q. V. Le *et al.*, “Building High-level Features Using Large Scale Unsupervised Learning”, in *Proceedings of the 29th International Conference on Machine Learning*, 2012.

[137] Yayoi Natsume-Kitatani *et al.*, “Subset-binding: A novel algorithm to detect paired itemsets from heterogeneous data including biological datasets”, *Research Square*, 2021.

[138] “自動運転 AI，常識破りの「教師なし学習」による超進化”．https://jidounten-lab.com/u_autonomous-ai-no-teacher

[139] “がんの未知なる特徴を AI が発見”．https://www.riken.jp/press/2019/20191218_2/

[140] “独自の AI 技術を開発．「搬送・検査」の自動化を実現した Musashi AI の取り組み —— 代表取締役 村田宗太”．https://www.musashi.co.jp/blog/aimusashi_ai.html

[141] “Power to Value で世界から高い評価を得ている武蔵精密工業”. https://logmi.jp/business/articles/272016
[142] “キユーピーが AI で検品改革，ポテトの不良品は空気噴射で除去”. https://xtech.nikkei.com/atcl/nxt/mag/nc/18/051600049/051600001/
[143] “「第 2 回 日本オープンイノベーション大賞」受賞取組・プロジェクトの概要について”. https://www8.cao.go.jp/cstp/openinnovation/prize/2020taishogaiyo.pdf
[144] “GPT-3 生成のブログ，ハッカーニュースで 1 位に”. https://www.axion.zone/a-college-kids-fake-ai-generated-blog-fooled-tens-of-thousands-this-is-how-he-made-it/
[145] Tao Xu *et al.*, “AttnGAN: Fine-Grained Text to Image Generation with Attentional Generative Adversarial Networks,” *Computer Vision and Pattern Recognition*, 2018.
[146] “絵を描く AI「Midjourney」なぜ人気？ 「画家を駆逐するリアリティ実感」…識者が考える「人間への問い」”. https://www.j-cast.com/2022/08/14443708.html
[147] “Stable Diffusion”. https://github.com/CompVis/stable-diffusion
[148] “AI 絵画，大手オークションで初の落札 予想額の 40 倍超”. https://www.afpbb.com/articles/-/3194763
[149] “顔イラストメーカー AI「彩ちゃん」(cre8tiveAI)”. https://ja.cre8tiveai.com/sc
[150] “AI が「架空のモデル画像」を生成 広告・ポスターで利用可能 スキャンダルでの降板リスクをゼロに”. https://www.itmedia.co.jp/news/articles/2006/08/news134.html
[151] “アパレル業界がざわつく！ 本物みたいな「AI モデル」ができること”. https://www.itmedia.co.jp/business/articles/2212/01/news010.html
[152] “パッケージデザイン AI（株式会社プラグ）”. https://hp.package-ai.jp/
[153] “アマゾン，AI バーチャルメイク機能を導入．これは便利”. https://ledge.ai/amazon-virtual-makeup/
[154] “イラスト AI「mimic」運営が「全機能の停止」発表 他人の絵の無断利用リスクで物議…不正対策見直しへ”. https://www.j-cast.com/2022/08/30444697.html
[155] “Artbreeder Collage”. https://collage.artbreeder.com/

[156] “カルビーのポテチを売上1.3倍にしたAIの正体――プラグの「パッケージデザインAI」の実力”. https://japan.cnet.com/article/35169952/
[157] “画像生成AIが「トレパク」していた？　学習画像と“ほぼ同じ”生成画像を複数特定　米Googleなどが調査”, https://www.itmedia.co.jp/news/articles/2302/08/news055.html
[158] “朝日新聞社のAI活用「自動要約生成API」, 新幹線車内の短文ニュース作成業務を1分に”. https://news.livedoor.com/article/detail/17816529/
[159] “AIが書く小説が星新一賞一次審査突破！〜AIに創作はできるのか〜”. https://ai-media-bsg.com/ai-novel/
[160] “【速報】「漫画の神様・手塚治虫」にAIと人間で挑む「TEZUKA2020」が手塚治虫AIによる新作「ぱいどん」を公開”. https://robotstart.info/2020/02/26/tezka2020-sokuho.html
[161] “文学賞「星新一賞」で“AIと作った小説”が初入選　人間以外の作品が応募の4%に増加”. https://www.itmedia.co.jp/news/articles/2202/18/news137.html
[162] “Flow Machines”. https://www.flow-machines.com/
[163] “ワードやエクセルと「GPT-4」が合体　「Microsoft 365 Copilot」発表　日本のDXも爆速化？”. https://www.itmedia.co.jp/news/articles/2303/17/news097.html
[164] “尻に火がついた？　AppleがChatGPT風AIを開発の報道”. https://getnavi.jp/digital/841731/
[165] “ChatGPTに対抗するAI「Claude」, 元OpenAI社員が設立したAnthropicから発表”. https://ascii.jp/elem/000/004/128/4128973/
[166] “Google, 会話型AI「Bard」の登録を開始.「検索の補完」へ”. https://www.watch.impress.co.jp/docs/news/1487330.html
[167] ““ジョークを理解するAI”をGoogleが開発！　5400億パラメータの言語モデル「PaLM」”. https://nazology.net/archives/107210
[168] “自然な話し言葉でロボットを操作　Googleが基盤技術”. https://www.nikkei.com/article/DGXZQOGN164G70W2A810C2000000/
[169] “DeepMindのAIシステム, 競技プログラミングで人間と互角の成績”. https://atmarkit.itmedia.co.jp/ait/articles/2204/11/news047.html
[170] “指定されたジャンルやアーティストから歌詞入りの楽曲を自動生成

する AI「Jukebox」を OpenAI が開発". https://gigazine.net/news/20200501-openai-jukebox/

[171] "声優並に超リアルな演技ができるボイスロイドが登場しつつある". https://nazology.net/archives/104841

[172] "大学レベルの数学問題を数秒で「解き，説明し，自ら作成もできる」AI を開発！". https://nazology.net/archives/112943

[173] Zachary Susskind *et al.*, "Neuro-Symbolic AI: An Emerging Class of AI Workloads and their Characterization", https://arxiv.org/abs/2109.06133, 2021.

[174] Jiayuan Mao *et al.*, "The Neuro-Symbolic Concept Learner: Interpreting Scenes, Words, and Sentences From Natural Supervision", https://arxiv.org/abs/1904.12584, 2019.

この参考文献は，下記 URL の「関連情報ファイル」からもご覧いただくことができます．

https://www.nippyo.co.jp/shop/book/9080.html

●監修
藤本浩司（ふじもと・こうじ）
1985年、上智大学理工学部数学科卒業。1999年、東京農工大学大学院工学研究科博士後期課程修了、博士（工学）。製薬会社、クレジットカード会社などを経て、2007年、テンソル・コンサルティング株式会社を創業。現在、同社代表取締役会長、東京農工大学客員教授を兼務。
著書
『AIにできること、できないこと――ビジネス社会を生きていくための4つの力』（共著、日本評論社）
『続　AIにできること、できないこと――すっきり分かる「最強AI」のしくみ』（監修、日本評論社）
『データマイニング手法』（共訳、海文堂出版）
『動きを理解するコンピュータ』（監訳、日本評論社）
『プロフェッショナル英和辞典 SPED TERRA』（分担執筆、小学館）
『テクノロジー・ロードマップ 2017-2026 金融・マーケティング流通編』（分担執筆、日経BP）

●著者
柴原一友（しばはら・かずとも）
2007年、東京農工大学大学院工学府博士後期課程修了、博士（工学）。東京農工大学特任助教を経て、2009年よりテンソル・コンサルティング株式会社。現在、同社の主席数理戦略コンサルタント。東京農工大学客員講師。
著書
『AIにできること、できないこと――ビジネス社会を生きていくための4つの力』（共著、日本評論社）
『続　AIにできること、できないこと――すっきり分かる「最強AI」のしくみ』（日本評論社）
『ゲーム計算メカニズム』（共著、コロナ社）
『動きを理解するコンピュータ』（共訳、日本評論社）
『テクノロジー・ロードマップ 2017-2026 金融・マーケティング流通編』（分担執筆、日経BP）
『機械学習教本』（共著、森北出版）

AI人材《じんざい》にいま一番《いちばん》必要《ひつよう》なこと
すべての人《ひと》が知《し》るべき、AIの本質《ほんしつ》と活用術《かつようじゅつ》

2023年7月10日　第1版第1刷発行

監修 ―― 藤本浩司
著者 ―― 柴原一友
発行所 ―― 株式会社　日本評論社
〒170-8474　東京都豊島区南大塚3-12-4
電話　(03) 3987-8621（販売）(03) 3987-8599（編集）
印刷 ―― 精興社
製本 ―― 井上製本所
装幀 ―― 山田信也（ヤマダデザイン室）

ISBN 978-4-535-78920-3